笑顔で感情コントロール

和田秀樹
Wada Hideki

文芸社文庫

まえがき

「笑う門《かど》には福来《きた》る」

　誰もが一度は聞いたことわざでしょう。

　実際、現代精神分析の考え方でも、感情というのは、相手の感情に強い影響を与えるとされていますし、そんな難しい理屈を言われなくても、感情が伝搬する経験は誰にもあるでしょう。

　ニコニコしている人がいると、周囲の雰囲気はよくなるし、仏頂面の人がいると、自分まで不快になってしまうというわけです。

　そのためか、笑顔の人には、人が寄ってきますし、しかめっ面《つら》の人にはなるべく近寄らないようにしようということになりがちです。

　最近、医学の世界でも「笑い学」というのがあって、免疫機能にもメンタルヘルスにも笑いがいいということがどんどん明らかになっています。

　ということで、笑顔を勧める本もたくさん出ていますし、免疫学者に言わせると作り笑顔でも一定の効果があるそうなのですが（ひきつった笑顔だとさすがに人は寄ってこないと思いますが）、実際、「笑顔になれないよ」と言いたくなる人もたくさんいるでしょう。

腹が立つような人がいつも周りにいるとき、周囲の環境や人間関係と合わないとき、トラウマというほどではないけれど（この場合は精神科の治療の対象となります）、嫌な思い出がつい蘇ってくるとき、不安を抱えているとき、などなど、人間には環境や、自分の精神状態のために笑顔になんかなれないさまざまな事情が生じるものです。

そこで本書は、私の長年の人生経験や、精神科医としてものの見方を変える治療法を勉強し、実際の患者さんに実践してきたことをもとに、この手の人が笑顔になることを妨げてしまうシチュエーションや感情状態への対処法を、なるべく具体的なケーススレポートのような形でまとめてみました。

もちろん、自分に当てはまるものも、当てはまらないものもあるでしょうし「今の自分じゃちょっと無理」と思えるものもあるでしょう。

ただ、試せそうなことは試していくという姿勢をもてないと、なかなか自分を変えていくことができないし、状況が変わらないのなら、ものの見方や考え方を変えていかなければならないのも事実です。

ひとつでも使えそうなものがあれば使っていただき、笑顔を取り戻してもらいたいというのが、著者の願いであり、いちばん伝えたいメッセージです。

最後になりますが、本書の刊行の機会を与えて下さった文芸社の佐々木春樹氏に謝意を表したいと思います。

2016年　初冬

和田秀樹

序章　すべての感情にはいい面と悪い面がある

「いつもニコニコと笑顔で生きていられればどんなにすてきだろう？」

誰もがそう思うでしょう。しかし残念なことに、人間として生きている限り、そうはいかないのも現実です。

人間は感情の動物だといわれています。日々の生活の中で、理屈では怒っちゃいけないとわかっていても、ついついかーっと感情が激してしまうという体験は、よくあることではないでしょうか。

生の感情から湧いてきた言葉をそのまま相手にぶつけたり、不快な表情を露わにしてしまって、せっかく築いた人間関係を壊してしまったという経験も誰にでもあるのではないでしょうか。

後になって悔やんでも、一度壊れてしまった人間関係を修復するのは簡単なことではありません。

けれども、人間は感情をなくすことはできません。それどころか、感情は人間が生きている証でもあります。

問題なのは、生の感情に支配されて、相手を傷つけたり、自分自身がイライラする状態にいつもあることです。生きていても、心地よいものではありませんし、知らず知らずのうちに表情は険しいものになってしまいます。「笑顔で暮らす」ことなど、夢のまた夢になってしまいます。

「感情とどう付き合えばいいのか」
「どう感情をコントロールするか」

そのメソッドを知っているかどうかは、笑顔で生きられるか、険しい表情で生きるか、その別れ道となります。

本書では、「怒り」や「悲しみ」「不安」「後悔」「不満」というネガティブとされている、さまざまな感情を取り上げ、それとどう付き合っていけば、笑顔で生きていけるのかという話をしていきたいと思っています。

感情に関しては、山ほどの誤解があります。

まず「感情を表に出してはいけない」と思っている方がたくさんいるのには驚きます。とくに、日本人には、感情そのものをネガティブにとらえる傾向があります。

「顔で笑って心で泣いて」

そんな生き方が大人の生き方なのだと刷り込まれているような気がします。

もしかして、会社や家で理不尽なことがあっても、ぐっと我慢して、表面だけの笑顔でやり過ごしているということはないでしょうか。

これって、ちょっと問題です。

それでは、精神的なストレスを生じさせます。精神的ストレスが蓄積すると、まず、体調を崩します。胃潰瘍になったり、精神に変調をきたしたり、ひどいときにはがんを誘発することさえあります。

感情は出していいのです。

心の中にしまい込まずに、表に出していいのです。

しかし、出し方に気をつけることです。何でもかんでも、自分の感情を人にぶつけていては、社会生活ができなくなります。

すべての感情には、いい面と悪い面があるということを知ってください。


たとえば「怒り」。

怒りというのは、本当に扱いにくい、厄介な感情です。上手にコントロールしないと、正常な人間関係を紡《つむ》ぐことができなくなることがあります。それがもとで、友人が去っていくこともありますし、会社勤めの人なら、上司、同僚、部下との協調が損なわれ、会社にいられなくなることさえあるでしょう。

さらにその傾向が高じれば、暴力に訴えるようになるかもしれません。生の怒りをすぐに言動に結び付けてはいけません。

腹が立ったとき、「ぶちのめしてやる！」と思うのは自由です。たとえば、相手の言葉にひどく腹が立ったとしましょう。

そんなときは、我慢ばかりしてはいられません。けれども、生の怒りをそのままぶつけても、火に油を注ぐだけです。

「そういうことといわれるのは気分良くないですよね」

たとえば、そんな風に自分が相手の言葉によって不愉快になっていることを冷静に伝えればいいでしょう。まずは「怒りの火」を鎮火させたうえで、「怒りの火種」だけをわかってもらえばいいのです。

なかには、黙っていると、人を甘く見て、どんどん図に乗ってくる人もいますから、やわらかく釘を刺しておくことも大事でしょう。それだけでも、相手のあなたに対する態度や言葉は変わってきます。

人としての怒りの感情は悪い面ばかりではありません。

なんであれ、いま目の前にある現実に対して怒ることは人間として当然のことです。怒りは、さまざまな分野で世の中を変えてきた原動力です。

たとえば、政治家がひどいことをやれば、多くの人が怒りを感じて、政権交代にもっていくことができます。そうやって、社会は変化してきました。

いろいろな見方があるとは思いますが、長いスパンで歴史の流れを見ると、世の中は良くなっていっています。それも、多くの人が、現状に怒りを感じて、怒りをエネルギー源として変革をしてきたからです。会社でもそうです。

反社会的なことを会社がやっているとすれば、会社内でも会社外でも、怒りという感情が、その会社に向けられます。それによって、会社を変えていくことができます。

私はとても短気ですから、いつも怒っています。

しかし、湧きでたままの感情に任せて、誰かに怒りをぶつけるということはしないようにしています。**怒りが込み上げてきたときにも、感情をそのまま表現するのではなく、冷静に論理に裏打ちされた言葉に置き換えて、相手に怒りのエネルギーを向けるようにしています。**

怒りを上手く表現できれば、それに同調してくれる人も増えてきて、暴れ回るよりも、ずっと効果的に人間関係、パートナーシップ、さらには世の中を変化させることができます。

感情をコントロールする上で大切なことは、「すぐに行動化しない」ことが一番目のポイントです。思ったり感じたりするのは自由です。でも、それを行動に移すのは、よく考えてからにしてください。

二番目に大切なことは、「感情に振り回されない」ことです。

認知科学では、感情に振り回されてしまうと、判断力がおかしくなってしまうことが指摘されています。

たとえば、受験に対してすごく不安を持っていて、合格できるだろうかと、いつも心配している学生によく会います。「大丈夫だろうか」「失敗したらどうしよう」と、そんなことばかり考えています。

その結果、勉強にも集中できないし、本番の試験のときにも、パニックで頭が真っ白になってしまって、全然、問題が解けなかったりします。感情に振り回されているために、正常な精神状態でいられなくなってしまっているのです。

落ち込んでいるときは悲観的な判断をしやすいし、怒っているときは怒りにまかせて相手がいいことをいっていても、すぐに否定してしまいます。あまり気分がノリノリだと、安易な判断をしてしまうことが多くなります。

気分によって、行動パターン、思考パターンは変わるもので、感情に振り回されているときに決断したことは、だいたい、うまくいきません。

三番目は、感情にはポジティブなものとネガティブなものがあって、できるならポジティブな感情と付き合うようにすることです。

人は、怒りとか不満とか後悔といったネガティブな感情に反応しがちです。怒っているときは、自分のまわりのあらゆることが怒りの対象になってきます。カッカ、イライラ。何を見ても腹が立ってくる。

でも、要注意です。

そんな状態が続くと、体調も悪くなってきませんか。

医学的にも、ポジティブな感情でいるときには、免疫機能がアップすることがわかっています。ネガティブな感情は免疫力を下げますから、がんをはじめ、いろいろな病気になりやすくなります。体のためにも心のためにも、ポジティブな感情でいるほうが自分にとっていいのは間違いないのです。

つまり、ポジティブな感情は、すぐにその場で大げさに表現してもいいのですが、ネガティブな感情が出てきたときには、深呼吸をするとか、お茶を飲むとか、一呼吸置くことが大切です。

「ネガティブな生の感情は、一度チンしてみる」

「チンしてみる」といっても、頭を加熱してみるということではありません。「生」のままにしておいてはいけないということ。「チン」ではあっても、逆に頭を冷やして、料理してみるということです。

ものすごく怒っているときであっても、怒りに隠れるようにして小さな喜びがあったりしませんか。

誰かに親切にされたとか、おいしいものを食べたとか、すてきなお店を見つけたとか……。そうしたことを大いに喜んでみるのです。すると、気持ちが晴れてきます。

生きていく上では、さまざまな感情が湧き出てきます。本書では、さまざまな具体的なシチュエーションにそって、感情をどうコントロールすれば、人は笑顔で暮らすことができるのか。そんなことを考えていきたいと思います。

ほんの少し、考え方やものの見方を変えてみるだけで、しかめっ面《つら》が笑顔に変わるのです。

笑顔の少ない世の中になってきました。この本を通して、一人でも多くの人が笑顔で生きられるようになれば幸いです。

目次

「上から目線」の彼にいらつく……37
劣等感の裏返しとあきらめること。もし、DVまでいったら即別れる。別れられないなら、自分だけの価値観をもって、逆に優位に立つ。
「あきらめる」ことで見つかる対処法　40
実体のある「上から目線」をもつ　42
デリカシーのない人をギャフンといわせたい……44
「理解し合えるはず」「説得、論破しよう」をあきらめる。相手によって「距離感」を変える柔軟性を持つ。
何でも理解し合わなくてもいい　47
説得、論破の努力が裏目に出る　48
マナーをわきまえない人が許せない……50
心身ともに消耗することはやめましょう。「許容範囲」を作っておくと、腹も立たなくなります。

腹を立てる前に「待てよ」で観察してみる　52
「二分割思考」を捨ててみよう　53

「仲間外れ」を仕組む人にイライラ……55

「ブラックママ友」の仕切りたがり、陰口がイヤになったら……。グループ、友人への幻想を捨ててみること。「烏合《うごう》の衆《しゅう》」になるよりは「孤独」を選ぶ。

クーデターを起こすのもいいけれど……　57
思い込みを疑ってみる　58

高圧的、問答無用の上司や先輩……61

無能な人間の言動は冷静になって「かわす」こと、会社の利益に寄与することを最優先する。仕事のできる人間は、かならず評価されるのだから。

会社がもっとも求めていることは何かを考える　63
自分の感情を分析する視線をもつ　64
「怒り損」はバカバカしい　65

悪意のある情報操作で怒り心頭……67
怒るよりもやることがあります。犯人を特定すること。それができなかったとしても、毅然として、冷静に論理的に「誤った情報」だと主張すること。
まず、犯人を特定する　69
冷静に論理的に事実関係を説明する　70

第2章
忘れられない悲しみにどう折り合いをつけるか

なぜ、もっと親孝行ができなかったのか……74
亡くなった人が本当に望んでいること。それはあなたが忘れないこと、感謝すること。そして、幸せになること、ともに生きたことで孝行はすんでいます。
亡くなった人は何を望んでいるか　76
「3歳までに親孝行はすんでいる」という言葉の真理　77

障がいをもって生まれたわが子が不憫《ふびん》だ …… 80
まず、差別の視線を捨てて、障がいをその人の「個性」と考えてみる。障がい者にしかできないことがたくさんあります。
「不憫」や「悲観」の目は失礼なこと 82
健常者が障がい者に学ぶこと 84
自分には学歴がないから…… …… 86
「一流大学卒＝いい生活」なんて、現代、そして未来は通用しない！　学歴がないからこそできることがいっぱいある！
大学がすべてじゃない！　選択肢はいくらでもある 88
「ないもの」で悲しんでも、物事は解決しない 90
結婚できると思っていた相手に一方的に捨てられた …… 92
まず、「捨てる、捨てない」という発想をやめる。次に「結婚＝幸福」という幻想に囚われないこと。

子どもの不登校、夫の無理解 …… 108

世間の常識にがんじがらめになっていませんか？　いくつもの選択肢があることを忘れないことです。

学校は本当に「行かなければならない」のか？　110

「行かなくてもいい」で子どもの心を解放する　112

第3章
どうすれば、この不安から逃れられるのか

このままだと孤独死しそうだ …… 116

「家族と一緒」が幸福とはかぎりません。いい人間関係を紡《つむ》げれば、ひとりで暮らしていても、イザというとき、救いの手が差し伸べられます。

「家族のなかの孤独」のほうが怖い　118

お金のことばかりが気になる …… 120
どう生きるかが問題です。お金に縛られて生きて、幸福といえるのでしょうか。
本当に困ったら、社会の仕組みを利用する権利を誰もが持っています。
いまの社会、お金がなくたって生きていける 122

一生、結婚できないかもしれない …… 125
「3高」とか「3C」にこだわるから、チャンスを逃してしまう。「閃《ひらめ》き」や
「弾み」で相手を決めてもいいのでは?
結婚生活は試行錯誤。相手の条件に縛られるな 126
出会いを増やすためにどうすればいいか 128

非正規社員で未来が真っ暗 …… 130
これからは正規社員も安泰ではありません。働き方、生き方の常識を疑って、
自分なりに生き方を変えてみてはどうでしょうか?
生活保護受給は当然の権利 132

親の面倒をみることができるだろうか……134
まず「親の面倒をみるべき」という常識を疑う。介護のプロに任せるのは、親不孝どころか、親孝行です。
プロに任せることは「捨てること」ではない　136
家系を考えると、病気が心配……139
「病気になったら、なったときに考える」くらいのふてぶてしさを！　そんな不安や心配こそが、免疫力を低下させます。
「家系」を変えることができますか？　142
原発事故がまた起きたら…………144
「不安だ、不安だ」だけでは、何も解決しない。まず、客観的な情報を得て、「不安の元」を検証することからはじめましょう。
放射能の人体への影響はどうなっているのか？　146

第4章

いつまでも引きずる後悔の念を断ち切りたい

なぜ、あのとき話を聞いてあげなかったのか?……150
こぼしてしまった水のことをいつまでも悔やむのではなく、二度とこぼさないように細心の注意を払うこと。
医者を辞めようと思った　152
「同じ間違いをしない」と細心の注意を払う　153
彼を怒らせてしまったのは、私のせい……154
自分を責めるのはほどほどに！　外に向かって動きだしましょう。視野の広がりは、あなたを変えてくれます。
自責の念はほどほどに　156

あの会社を辞めなければよかった……158
辞めた理由を冷静に検証すること。ベストの環境は、この世にない。自分で作るもの。
最優先課題は自分の商品価値を高めること 160
この結婚は間違いだった……162
離婚は「悪」ではありません。でも、「あるべき結婚」という仮説を疑ってみると、別の選択肢が見つかるかもしれません。
常識や仮説の呪縛から自由になる 165
過去を明かせない、思い出したくない……167
「辛かった、苦しかった」かもしれない。重い過去を静かに受け入れるために知っておきたいことがある。
「辛い、思い出したくもない過去」ばかりの人生なんてない 169

気に入らないなら、いってくれればいいのに…… 185
「相手の不満がわからない」という不満は、相手が自分と同じと考えているからです。それは幻想です。
共有できない感情がたくさんある 186
寅さんの名ゼリフに学ぶ 188
自分の実力はこんなものじゃない！ 190
高下駄を履いたり、梯子に上っている自分に気づいていますか？ それに気づくと心に余裕が生まれてきます。
「理想の自分」と「現実の自分」は別物 192
文庫化に寄せて 195

第1章

こんな怒りをどうやって鎮めるか

こんな怒りをどうやって鎮めるか

たとえば……

無能な上司が許せない

話してもわからない人間もいるんです。「かくあるべき思考」を捨てれば、心に余裕が生まれます。

「なぜ、私の指示に従えないのか」

会社はもちろん、なんらかの組織においても、上司に限らず、自分よりも仕事上の能力が明らかに劣っていると思っている人から偉そうにいわれると、腹が立つものです。明らかに相手の主張が間違っていて、自分は正しい主張をしているにもかかわらず、理解されない。理解されないどころか、相手から強圧的に迫られれば、怒りが湧いてくるのは当然のことです。

これは、専門的にいえば、「自己愛が傷つく」からです。とりわけ自己愛の強い人は、人よりも優位に立てないと、怒りが込み上げてきます。多かれ少なかれ、自己愛のない人はいませんから、その傾向は、誰にでもあるわけです。問題なのは、その自己愛の程度です。

湧きあがった怒りを鎮めるには、まず、傷ついた自己愛を修復してあげなければなりません。

そのためにはどうしたらいいでしょうか。

生の怒りをぶつけてみたところで、何の解決にもなりません。

上司の指示が、誰が考えても理不尽なもので、それに従ってしまうと事態が悪化すると思うのであれば、「馬耳東風《ばじとうふう》」を決め込むのも手です。怒りを封印して、表面的には「なるほど」「おっしゃる通り」と応じます。

その後、仕事で上司ができないことをやり遂げて、自分のほうが有能であるということを示してあげればいいのです。事態を冷静に観察して、問題部分を解消してしまえばいいのです。問題が解決したら、「部長のおかげでうまくいきました」くらいの言葉で花を持たせてあげてもいいでしょう。怒りを鎮めて生まれた余裕のなせる業です。

土俵を下りて「戦わない」という選択

しかし、厳然たる上下関係が存在する組織では、誰にでもできることではありません。「話せばわかる」上司でないのならなおさらです。あえて火中の栗を拾って、自分が火傷《やけど》してしまうのは、バカバカしいことです。

それならば、あまり前向きではないけれども、あきらめてしまうことです。真剣勝負の土俵から潔く下りてしまうことです。負けではありません。はじめから戦わないだけです。

「何にもわかっていないんだな」

心の中で相手の無能を笑って、覚めた目で見るというのもひとつの手でしょう。

「うちの上司はこんなバカなことをいうんだよ」

「こんなのバブル期の発想だよね」

親しい友人に、愚痴を聞いてもらいガス抜きするというのもいいのではないでしょうか。

とにかく、自己愛を満足させることで、怒りは鎮まっていきます。怒りが鎮まれば、余裕も笑顔も出てきます。

「かわいそうな人だな」

「あんまりプライドを傷つけないように、的確な対応をしてやろう」

余裕が生まれれば、そんな大人の対応もできるようになります。

どんなに無能な上司であっても、あなたに対する見方を変えはじめるかもしれません。あなたが余裕をもって仕事をし、なおかつ結果をきちんと出していれば、いつしか一目置くようになってきます。その上司が変わらなくても周囲の目が変わります。

そうすれば、あなた自身の自己愛も満たされるようになってきて、ますます余裕も笑顔も出るようになってきます。相手の自己愛も傷つきません。好循環が始まります。あんなに腹立たしかった上司に対しても、友好的に接することができるようになります。

怒りを感じたときには、「これは自己愛が傷ついているんだな」と思って、傷ついた自己愛を癒してあげてください。

あなたが描く理想の上司はこの世に存在しない

もうひとつ怒りを誘発する要因が、「かくあるべき思考」です。これも、多くの人から笑顔を奪う元凶となっているものです。

「こういうことくらいは知っておけよ！」

「上司たるもの部下の面倒を見るのは当たり前だろ！」

あなた自身が考える上司像を備えていない上司を見ると、腹が立ってくるのです。

自分が「こうあるべし」だと考えている上司など、そうはいるものではありません。

ほとんどの人が、いい加減で、無責任で、口ばっかりの人だと考えてしまえばいいのです。

「上司に期待するほうが間違っている」

かつての植木等さんや高田純次さんといった人たちが演じる「無責任男」が上司になったと思えばいいではありませんか。あなたが描く「理想の上司」は絵空事だと思えばいいのです。そんな上司に会えたら「儲けもの」くらいに考えておけば、上司への怒りも湧いてきません。

いいアイデアを思いつき、しっかりとした企画案を手に一生懸命訴えているのに、部長は眠そうにあくびをするばかり。

「部長！　私の話、真剣に聞いてくれているのですか！」

たとえば、怒ったあなたが上司にそう迫ったとします。

「聞いているよ。当たり前じゃないか。理解できないだけだよ。わかりやすく説明してくれよ」

上司からは、拍子抜けさせるようなそんな返事が返ってくるかもしれません。「暖《の》簾《れん》に腕押し」の様相です。

「こうあるべきだ」

他人に対する過剰な期待があなたの怒りを誘発するのです。「かくあるべき思考」はすっぱりと捨てましょう。無能な上司ばかりだと割り切ってしまえばいいのです。お役所には、こういう上司が数多くいます。

「こりゃ、ダメだ」

「暖簾上司」は押してもムダというわけです。そう考えて、笑っていればいいのです。

しかし、本当にいいアイデアだったら、その部長には理解できなくても、必ず、誰かが評価してくれます。自信があるなら、評価されるまで主張し続ければいいのです。

いつか、直属の上司よりもさらに上の役員や社長が評価してくれるかもしれません。そうなったら、「ざまあみろ」と思えばいいではないですか。あなたの顔に自ずと最高の笑みが浮かぶはずです。

いい加減な上司は安心材料にもなります。

「この程度で部長になれるんだ」と思ったら、気持ちが楽になるはずです。自分だったら、簡単に部長になれるし、もっと上も狙えると、にんまりとしていればいいのです。

「かくあるべき思考」は、まわりに対しては不満が膨らみ、自分を縛る鎖にもなってしまいます。精神衛生の面でも、とてもよくないことなので、気をつけてください。

無能な上司のために、体調を崩してしまうなんていうのは、バカバカしいことです。

ないものねだりは怒りの元。あなた自身があなたの「理想の上司」になればいいだけのことなのです。

こんな怒りをどうやって鎮めるか

たとえば……

「上から目線」の彼にいらつく

劣等感の裏返しとあきらめること。もし、DVまでいったら即別れる。別れられないなら、自分だけの価値観をもって、逆に優位に立つ。

「こんなことがわからないのか」

「やっぱり女はダメだな」

「育ちが悪いね」

女性に対してこんなことを平気でいう男性がいます。

いま、日本でも脚光を浴びている心理学者アルフレッド・アドラーの劣等感の理論によると、上から目線で人を見下す人は、その根底に劣等感をもっている場合がほとんどだとされます。

たとえば、体が小さくて弱々しく見えることにコンプレックスをもっている男性は、少しでも強く見せたいと、虚勢を張る傾向があります。

中には、この劣等感をバネにして、格闘技を習って、世界チャンピオンにまで上り詰める人もいるわけです。そういう人は立派だけれども、そんな努力もせずに、口先だけで威張っている男性ほどやっかいなものはありません。

女性の立場で考えてみましょう。

もし、付き合っている男性がそんなタイプだったとしたら……。その女性は、なかなか心の底からの笑みが浮かぶことはないでしょう。

その対策です。

2つあります。

ひとつは、思い切って別れることです。身も蓋もない言い方になってしまいますが、それほどやっかいだからです。

「彼が上から目線なのですが」

私が女性からそんな相談を受けたとしたら、こう答えます。

ただ、断っておきますが、多かれ少なかれ、人は上から目線をもっています。問題なのは、それがそのまま言動に出てしまうことです。誰とはいいませんが、政治家でいますよね。

「彼のその性格、直らないかもしれないよ。それでも良ければ付き合いなさい」

上から目線から生まれる問題の最たるものがＤＶ＝ドメスティック・バイオレンス（家庭内暴力）です。

ＤＶ傾向のある男性と付き合っていたり、結婚している女性には気の毒な物言いになってしまいますが、ＤＶは直りません。ＤＶの相談を受けたときには、私は１００％、「別れなさい」とアドバイスしています。

大事なことは、恋人ならもちろん、夫婦であっても、別れるという選択肢があるということを知ることです。どんなに長く付き合っていても、子どもがいても、別れることはできます。「別れられない」と勝手に決め付けて、別れるという選択肢を封印してしまうから別れられないのです。

「あきらめる」ことで見つかる対処法

「上から目線」の彼と付き合っていてもろくなことはありません。そんな男性は、出世もしないいし、家族に優しくもできません。

それでも、私は彼が好きだし、とことん尽くしたいのだということなら、そのときは、何が何でも耐えるという覚悟をもって付き合うことです。その覚悟がなければ、付き合いをやめるのが賢明です。

別れてもいいんだと思うと、心がとても軽くなります。心が軽くなれば、さまざまなトラブルがあっても、冷静に対処ができるようになります。上から目線の彼を、うまく操縦できるようになることさえあります。「もうここまでだ」という縁の切りどきも、ひらめくような形でわかったりします。そういうときは、躊躇《ちゅうちょ》せず、別れてください。

私自身、あまりおすすめできませんが、もうひとつの選択肢があります。相手を変えることはあきらめて、別のモチベーションを持つことです。「あきらめ」は怒りを鎮めて、冷静な視線を生み出します。

相手の男性の上から目線に腹が立つのは、突きつめれば、あなた自身の自己愛が傷

つくからです。残念ながら、彼の性格を根底から直すことはできません。

それでも、あなた自身が彼の長所に惹かれていて、なんとか関係を維持したいと考えるなら、相手を変えようという思いは捨てて、自分の自己愛をどうしたら満たすことができるかを第一に考えることです。

自分のほうが彼よりも優れているところを探してみます。

いくらでもあるはずです。彼の価値観の土俵の上で右往左往してしまっているからいらつくわけで、彼、あるいは夫とは別の価値観で生きていけばいいのです。自分には自分の優れたところがあるはずです。

「自分は他人に対して平等に振る舞う」

「暴力には訴えない」

「他人に対して協調的である」

「忍耐力がある」

「ダメな人間を放っておけない」

相手の男性にはない長所を自覚して、その長所を大切にすることによって、自己愛を満たす道があります。

「上から目線」はひと言でいえば「虚勢」です。

虚勢を張っている人間は、どんな仕事、どんな行動をしたとしても、多くの場合、大きな成果をあげることはできません。じつはそのことをいちばん痛感しているのが、当の本人です。欲求不満が「上から目線」を生み出すのです。結果、妻や恋人に威張ったりしているのです。

実体のある「上から目線」をもつ

一方、あなた自身はどうでしょうか。

あなたが会社でも、きちんと自分の意見がいえて、まわりからも評価されていれば、彼よりもはるかに立派です。その部分を見てあげて、自分が優位に立てばいいのです。彼とは正反対の、仕事ができて人にやさしく接することができる男性と、たまには食事に行ってもいいではないですか。

別に、その人と恋愛関係になれといっているのではありません。浮気をすすめているわけでもありません。

でも、そういう人と食事に行けるということに喜びをもつことです。私も捨てたものではない。「あいつより、私のほうが上だ」。そう思えれば、自己愛は満たされます。偽りの「上から目線」ではなく、実体を伴った「上から目線」といってもいいかもしれません。

そこまでして、その上から目線男と付き合う必要があるのかどうかはわかりませんが、どうしても別れられないなら、そんな形で、笑顔を取り戻すこともできるかもしれません。

日々の生活のなかで笑顔を失くすと、幸運も逃げて行きます。どんな男性と付き合うかは、その人の自由ですが、その人といることで笑顔を失くしてしまうような恋人なら、いないほうがいい、と私は思います。

こんな怒りをどうやって鎮めるか

たとえば……

デリカシーのない人をギャフンといわせたい

「理解し合えるはず」「説得、論破しよう」をあきらめる。相手によって「距離感」を変える柔軟性を持つ。

デリカシーのない人というのはどこにでもいます。

「もう少しやせたらかわいいのにね」

「彼氏いない歴、何年？」

「子ども、まだできないの？　結婚してだいぶたつよね？」

「いいよね、楽な仕事で」

相手の気持ちに対する想像力を持たない人たちは、こんな言葉を平気で吐きます。なかには、相手が傷つくのをわかっていても、嫌われるとわかっていても、ひどい言葉を口にする人もいます。

困ったものです。

実は、精神医学的にいうと、デリカシーがない発言や行動を何度も何度も繰り返すような人は、アスペルガー障害（現在の診断名は自閉症スペクトラム）と呼ばれる発達障害の可能性があります。会話の能力はあるのですが、社会性やコミュニケーション能力に欠け、興味の対象が偏っているという特徴があります。

これは、性格や家庭環境の問題ではなく、脳機能が通常の人たちとは違うわけですから、直そうと思っても直すのは困難です。一度はデリカシーのなさを指摘して、反省を促したとしても、学習して改善することは期待できません。また、同じようなデリカシーのないことをいってしまいます。

そういう人をギャフンといわせようとするのは無駄な努力です。**とにかく、そういうタイプの人には「ないものねだり」をしないことです。「ないもの」を求めて怒ってみたところで、なんの解決にもなりません。**

それよりも、彼らには独特の才能があったりするので、彼らを観察してみるということもひとつの方法です。人並み外れて集中力があったり、自分の好きなもの、たとえば車や鉄道のことにやたら詳しかったり、驚くほどの記憶力を備えていたり、音にたいして異常に敏感だったりします。

まず、彼らの得意なことに耳を傾けてみましょう。そうすると、びっくりするようなことがたくさん見つかったりします。「すごいね」と素直に感心するようなこともあって、彼らに対する見方も変わってくるし、そういう態度で接することで、彼らとの関係も良くなっていくはずです。

「そうはいってもね」

どうしても耐えられないようだったら、上手に距離を置くことです。アスペルガー障害の人自身に「いい距離感」を求めることはできないので、こちらから場の空気を読んで、心地いい接し方をすることが大切です。それが、いい関係を続けられることにもなります。彼らにとっても、不利益にはなりません。それが難しいようなら、相手を不快にさせない程度に「避ける」や「逃げる」という手段を選ぶことも大切です。

また、アスペルガー障害ではなくても、他人に対する心配りの大切さを教えられずに自分本位、あるいはチヤホヤされて育てられた人の中には、平気でデリカシーのないことをいう人もいます。

たとえば、お金の苦労などしたこともないようなお坊ちゃま、お嬢ちゃまには、そうではない人の気持ちがなかなかわからないし、人に頭を下げることもしないかもしれません。お金持ちすべてというつもりはありませんが、こういう人も、ギャフンといわせるのは難しい話で、上手に距離を置いて付き合うことが大切です。

何でも理解し合わなくてもいい

ここで大事なのは、私たちが抱きがちな2つの誤解を解いてしまうことです。**ひとつは、「みんなと仲良くしなければならない」という誤解です。**

ゆとり世代の人たちは、誰かを仲間外れにしてはいけませんとか、競争をしてはいけませんと、さんざんいわれて育っています。だから、デリカシーのないことをいわれても、我慢してニコニコしていなければならないと思い込んでしまっています。心の底では、「この野郎！」と思っていても、物わかりのいい態度をとってしまって、逃げたくても逃げられなくなってしまいます。

みんなと仲良くなんていうのは幻想です。それで、どんどんとストレスをためてしまって、笑顔がなくなってしまうのが現実です。もちろん、だからといってイジメる側に立つのは論外です。嫌なときには逃げればいいのです。逃げるのは、悪いことではありません。自分を守るにはとても大切な能力です。「逃げる」という言葉がイヤなら、「フェイドアウト」と言い換えてもいいでしょう。

説得、論破の努力が裏目に出る

もうひとつが、「人を変えよう」と努力するのは大きな間違いだということ。ときには、そうした努力が実を結ぶこともありますが、一生懸命に説得したり、説教したりして、人を変えてやろうと思っても、ほとんどが無駄な努力に終わってしまいます。

決定的にデリカシーが欠けた人には、なんとか説得しようとか、議論をして論破しようとする必要はありません。かえって、その努力が裏目に出て、関係が悪くなることもあります。

「これであいつもわかっただろう」

一生懸命に自分の主張をぶつけて、相手を納得させたとしても、納得したような顔をするのはその場だけです。論破された側は、悔しくて腹の虫がおさまらなくて、「今度は、こういってやろう」などと思いはじめます。変わらないどころか、余計に頑なになって、反発してきます。

議論などせずに、笑顔が消えそうなことにはかかわらないようにする。

デリカシーのないことをいわれたら、いちいち反論せず、腹も立てず、ニコッと笑ってその場を去ってしまう。

それくらい柔軟に対応していかないと、このストレス社会の中で、笑顔を失わないようにするのは難しいことです。

こんな怒りをどうやって鎮めるか

たとえば……

マナーをわきまえない人が許せない

心身ともに消耗することはやめましょう。「許容範囲」を作っておくと、腹も立たなくなります。

電車に乗っているとき、隣の人が携帯電話で話をしはじめたらどうしますか。携帯電話というのは、小さな声で話していても、気になるものです。たいていの人は、言葉にするかどうかはともかく、不快になるでしょう。

朝、顔を合わせても、「おはようございます」もいわない部下がいたらどうでしょうか。居酒屋で大騒ぎしている若者のグループ、小学校の運動会でタバコをスパスパ吸ったり、ビールを飲んだりする保護者、バーベキューのゴミを河原に捨てていく人たち……。

「マナー違反だぞ！」

そう怒鳴りたくなるようなシーンは、いくらでもあります。

確かに、社会の中で暮らすにはマナーは必要なことです。それを守らなければ、社会生活は収拾がつかなくなってしまいます。しかし、マナーというのは、法律と違って、明文化されているわけでもないし、それを守らなかったといっても罰せられるものではありません。習慣のようなものです。その習慣が身についていない人もいるのです。いちいち、目くじらを立てていたら、心身ともに消耗してしまいます。

また、エスカレーターの乗り方も東京と大阪では、片や右側が追い越し、片や左側が追い越しと異なります。マナーは地域によって違ってきます。たとえば、電車内での携帯電話も、国によっては（というか、そのほうが多いのですが）、乗客が当たり前のように使っているところもあって、まわりの人も、近くの人が大声で電話をしていても、あまり気にしないようです。

腹を立てる前に「待てよ」で観察してみる

どうしても守るべきマナーはあるでしょうが、あれもこれもと、「マナーが悪い」「マナー違反だ」と、あちこちに怒りをぶつけていると、とても笑顔ではいられません。マナーが気になり過ぎる人は、その根底に、「かくあるべき思考」があります。そこを少し見直すと、笑顔が出るようになります。

「こうあるべきだ！」という思いをいったん横に置いてみましょう。

ここは「待てよ」と一歩引いて、マナー違反だと思えるような行為を見直してみましょう。とんでもなく迷惑になっているのか、ちょっとだけ迷惑なのかを考えてみます。電車の中の携帯にしても、小さな声で短時間なら、許せるのではないでしょうか。

内容にしても、家族に何か大変なことがあってという緊急の用かもしれません。それなら、大目に見てやるかという気持ちにもなれるはずです。

「これくらいならいいか」という「許容範囲」を作っておくことです。

それでも気になるなら、車両を移動するとか、次の駅で降りて、違う電車に乗るとか、いろいろと対策は立てられるでしょう。

若い人たちが居酒屋で大騒ぎするのも、当たり前といえば当たり前。静かに飲みたいなら、もう少し高級なところで、あまり若者グループがこないような場所を選んだほうがいいのかもしれません。もっとも、酒席で大騒ぎしたり、大声で話したり、笑ったりするのは若い人にかぎったことではありませんが……。

「マナー違反だ！」と、腹を立てても、なかなか注意はしにくいし、ヘタに注意をすると、喧嘩になって不愉快な思いをすることになったり、話がこじれれば殴られてしまったりします。マナーの悪い人に怒りを感じそうになったら、その場から退避するというのは、私は、とても賢明な選択だと思っています。

去っていくあなたの姿を見て、マナー違反を改める人もいるかもしれません。怒るよりも、賢明であり、健全な行為です。

「二分割思考」を捨ててみよう

人のマナー違反を責める人は、どんなことにも、白黒をはっきりさせたがる、「二分割思考」の人が多いようです。たとえば、まわりの人間に対しても、敵か味方かという判断をして接していたりします。物事というのは、すべてが「いい」「悪い」で分けられるものではありません。白と黒の間には、無数のグレーが存在しているのです。

そういう生き方をしていると、人間関係が、とても息苦しいものになって、笑顔からどんどんと遠ざかっていきます。

こいつは敵だと思ったら、その人と顔を合わせるたびに緊張を強いられます。逆に、味方だと思うと、必要以上に頼り切ってしまったりします。味方だと思っている人が、マナー違反をしたらどうですか。裏切られた気分になってしまって、また一人、仲間を失ってしまうことになりませんか?

マナーを守ることは大事ですが、完璧というのは無理な話です。「これは絶対に許せない」「できたらやめてほしい」「まあ、許せる」「これくらいならOK」というくらいに、基準をいくつも設けて、むっと来たら、これはこのくらいのレベルだなと考えてみるといいでしょう。どうしても許せないなら、その場から退避する。そして、「こんな非常識な奴がいて」と、笑ってバカにする。

テレビドラマや映画を観ていて、どんなに非道を尽くす悪いヤツが登場しても、怒ったり、殴りかかったりしませんよね。競馬場で馬が放尿したり、脱糞したりしても「マナー違反」だと腹は立てませんよね。

それくらいの余裕をもってみてはどうでしょうか。

こんな怒りをどうやって鎮めるか

たとえば……

「仲間外れ」を仕組む人にイライラ

「ブラックママ友」の仕切りたがり、陰口がイヤになったら……。グループ、友人への幻想を捨ててみること。「烏合《うごう》の衆《しゅう》」になるよりは「孤独」を選ぶ。

人間関係に苦労しているママさんはいっぱいいます。

「公園デビュー」という言葉を聞いたことがあると思いますが、子どもが1歳を過ぎてヨチヨチ歩きを始める頃に、近くの公園で遊ばせようと思うと、そこに集まっているママたちのグループと仲良くしなければなりません。そこには、けっこう難しい人間関係があります。

ささいな言動ひとつで、瞬く間にバリアを張られて、仲間外れになってしまうこともあります。ママたちから、笑顔を奪ってしまう原因ともなっています。

学校のなかでのイジメもそうですが、仲間外れの状態を作りたがる中心的な人物がかならず存在します。「ブラックママ友」と呼ばれるようです。

ブラックママ友というのは、いろいろなタイプがあって、まずはやたらと仕切りたがる人。いろいろな企画を立てて人の意見も聞かずに話を進めていく。無理難題も平気で押し付ける。

けっこう強引で、たとえばその人のリクエストを「ちょっと用事があるので」などと、断ろうものなら、次に会ったときには、仲間外れになってしまっていたりします。

陰口が大好きなママもいますね。

特に、いない人をチャンスとばかりに徹底的にけなす。それを聞いている人は、自分も、公園に来ないときにはこんなひどいことをいわれているのだろうかと不安になってきます。ほかにも、説教ばかりしたり、やたらと命令をしたり、自分の子どものことしか考えなかったり、いちいち人のプライバシーに干渉してきたり……。

クーデターを起こすのもいいけれど……

とにかく、こんな人とはかかわりたくないと思うのだけれども、「公園で遊びたい」というかわいいわが子のためには、我慢をするしかありません。

こういうブラックママ友に対抗するには、方法が3つあります。

ひとつ目は、クーデターを起こすことです。誰もが、ブラックママ友には不満をもっているはずです。みんなで束になって、「こういうことはやめてほしい」「こうしてほしい」と要望を出します。効果があるかどうかの確率は定かではありませんが、ブラックママ友のほうが多勢に無勢ですから、チャレンジしてみる手はあります。

しかし、これは難しいのも現実です。

しっかりと根回しをしても、直前になってビビるママが出てきます。そして、「実はね……」と、計画をすべてバラしてしまったりします。会社でもよくあることで、社長を追い落とそうとクーデターを企んでも、みんなで結束していたはずなのに、だれかが寝返ってしまって失敗してしまうことは珍しくありません。政治の世界では日常茶飯事です。

クーデターとなると、その首謀者がよほど、しっかりしていないと成功しません。もし、自信があれば、ぜひ実行してください。自信がなければ、作戦を縮小しましょう。

「あの人、本当に困った人ね」

そんな愚痴をこぼせる人をグループのなかに作ることです。これも、相手を慎重に選ばないと、逆に、「こんなことといってたわよ」などと告げ口をされるので注意をする必要がありますが。

思い込みを疑ってみる

2つ目は、仲間外れにされてはいけないとか、友だちは多いほうがいいという幻想から逃れることです。

こうした構造は、学校はもちろん、会社でのイジメにも当てはまります。

子どもたちは、仲間外れにされてはいけないと一生懸命に、友だちとの人間関係を築こうとしています。それが崩れたときに、イジメに発展していきます。仲間外れにされたくないという思いは、親を見ていて培われていく部分があります。それなら、

親が、そうした考え方の過ちを説いてみるのは、どうでしょうか。「自分が間違っていないなら、胸を張っていればいい」と

仲間外れになってもいい。私は私の道を行く。公園は、公共の施設です。ブラックママ友に許可を得ないと遊べないところではありません。堂々と、子どもを遊ばせればいいのです。何をいわれても気にしない。「烏合の衆」になるよりは、健全な選択です。

そういうママを見て育った子どもは、たくましくなります。すてきな笑顔で生きられる小学生、中学生になれます。

ママが、一匹狼でいいと開き直って公園へ通っていれば、それに共鳴する人が出てくるものです。それは、とても気の合う、気持ちのいい仲間です。そういう人と一緒にいるほうが楽しいし、すてきな笑顔で暮らせるはずです。

3つ目は、ブラックママ友といえども、悪い点ばかりではないことに気づくことです。その人がいるおかげで、場が盛り上がったり、食事会がセッティングされたりするわけです。

イヤな面はあるかもしれませんが、その人が貢献している部分もあるということです。

「バカとブラックママ友は使いよう」

そう達観できれば、腹も立ちません。

昇進とか、左遷といった人事がからむ会社においても、同じことがいえます。ブラック上司も、一生付き合うわけではないのですから、「臨機応変にさばく」という姿勢を持つべきでしょう。

「一生、付き合うわけではない」

「家族でもない」

「本音をぶつけあう必要もない」

人付き合いにおいては、この距離感を保つことを忘れないことです。

こんな怒りをどうやって鎮めるか

たとえば……

高圧的、問答無用の上司や先輩

無能な人間の言動は冷静になって「かわす」こと、会社の利益に寄与することを最優先する。仕事のできる人間は、かならず評価されるのだから。

会社の人間関係というのも、かなり厄介です。

とくになんであれ、問答無用で高圧的に、自分のやりたいことを強要してくる上司や先輩は厄介です。

というのは、逃げたくても逃げ出せないからです。部署を変えてもらうにしても、「あの上司が、あの先輩が気に入らないから」では、通用しません。

まず「かわす」技術を身につけることです。

一番大切なのは、自分の組織依存度を低くし、上司、同僚との濃密関係を見直すことです。とにかく関係を希薄なものにすべきです。プライベートな話題を徹底的に排除すること。怒りを抑えて、会社の「歯車」を演じることです。

なぜなら、会社がなによりも求めるのは、その人間がいかに会社の利益に寄与するかということだからです。まず、あなた自身が、仕事で誰もが認める成果を上げることに集中することです。

そのためには、自分自身のスキルアップをすることです。仕事ができるようになれば、上司も先輩も一目置くようになるかもしれません。会社にとって大きな戦力になっていれば、イヤな上司、先輩も無理難題を押しつけたりはしません。

そんなことをしていれば、上司、先輩こそ、居場所がなくなってしまいます。それに、昨今、多くの会社が実力主義になってきていますので、仕事ができれば、先輩を追い越すことも可能です。また、さらに認められれば、嫌な先輩とかかわらなくてもいい環境を作ってくれることもあるでしょう。

仕事のできない人は、かりに部署を変えてもらったとしても、今度は違う先輩に無理強いをされたりします。

会社がもっとも求めていることは何かを考える

結局は、先輩とか環境のせいではなく、自分自身に問題があると考えるのが、その苦境を脱出する近道です。まず、自分を変える努力が必要です。結果を残しても正当に評価されず、上司や先輩の態度も変わらないのであれば、その会社に見切りをつけることです。

そのためには、ほかの会社でも通用する知識やスキルを身につける努力を日ごろから怠らないことです。資格をとるのもひとつの方法です。そう割り切ってしまえば、自然に柔和な表情でいられます。

私自身、かつて東大病院という職場に見切りをつけたことで、イライラや怒りが驚くほど消えたという経験があります。その結果、新しい道が大きく拓けました。

笑顔を絶やさない人と、苦虫をかみつぶしたような顔をしている人とは、人との接し方に大きな違いがあります。

イヤな先輩がいたとします。無理難題を次々と押しつけてくる。

そんなとき、誰もが不愉快な思いをするものです。

しかし、笑顔を絶やさない人は、そのとき、自分の中に湧き上がってくる感情を客観視することができます。

自分の感情を分析する視線をもつ

「こんなことで怒っていちゃダメだよな」

「ここは我慢しよう。でも、いつか見返してやる」

「もっと自分に自信をもとう」

「文句をいわせないような仕事をしてやろう」

「自分は自分だから、あんな先輩のいう理不尽なことは気にしない」

客観視することで、怒りの感情を鎮静化させることができます。こうした視線は、分析力を育みます。

相手の言葉に過剰に反応している自分。何かいわれると裏の意味を考えている自分。イヤな相手を意識し過ぎている自分……。そんな自分が見えてきて、「何だか、バカみたいだな」と思えるようになります。

上司や先輩に対していい感情を抱けないのは、先輩のせいだけではなく、自分の気持ちの狭さにも原因があったなと気づきます。

つねにそうした視線を保っていれば、自分の言動をいい方向に導くことができます。そういうまわりとの接し方をしていると、まわりの人が変化してきます。相変わらず、先輩はいろいろと強要してくるとしても、「ちょっと、それは言い過ぎじゃないですか」と指摘してくれる同僚や上司も出てきます。味方がついてきます。

「怒り損」はバカバカしい

逆に、仏頂面の人。こういう人は、「あの人が悪いから」とか「あの人さえいなければ」と考えがちです。他人に対するネガティブな感情だけに囚われていては、人間関係はさらに険悪になっていきます。改善を促すような対応策も浮かびません。「怒り損」で痛い目に遭うのは、結局は自分です。バカバカしいではありませんか。

いつも不愉快そうな顔をしていると、まわりの人も応援する気になれません。どんどん人間関係を狭くしてしまいます。そういう状況では、また人が離れていく。さらに悪循環の深みにはまってしまいます。

あれこれと強要されるのは腹が立ちますが、自分を大きく成長させるチャンスだと思って、明るく笑顔で「わかりました」といってみてください。徐々に変化が出てきます。ただし、何度もいいますが、腹を立てるような感情そのものがいけないといっているのではありません。

腹立たしさをすぐに露わにするのではなく、その感情が湧き起こる原因を検証して、その感情をクリーンなエネルギーに転換するほうがいいということなのです。念のため。

こんな怒りをどうやって鎮めるか

たとえば……

悪意のある情報操作で怒り心頭

怒るよりもやることがあります。犯人を特定すること。それがでさなかったとしても、毅然として、冷静に論理的に「誤った情報」だと主張すること。

現代はまさにネット社会です。

もちろん、便利な面もありますが、間違いなく弊害もあります。

そのひとつが、事実ではないためにする「情報の操作」です。これもじつに簡単にできるようになりました。

匿名をいいことに、ネット上でときに悪意を持って面白おかしく、情報を発信する輩たちです。

私のように、テレビに出演したり、本を書いて、いいたいことをいっている人間は、余計、あることないこと、悪口を並べられます。芸能人もそうですね。自分でいうのもなんですが、有名税とあきらめています。

しかし、そうした世界ばかりではありません。

会社勤めをしていても、悪意のある情報がネットに流れたりして困ったという人は少なくないだろうと思います。誰がやっているのか特定できませんから、不気味でしょう。まわりにいる人、みんなが敵に見えてきて、笑顔どころではありません。

こういう厄介な情報の伝播は、なにもネット上ばかりとはかぎりません。日ごろの雑談や酒席などで、事実ではない情報、「尾ひれ」のついた情報なども、陰口で伝わります。当事者はたまったものではありませんが、陰口が大好物という人間はたくさんいます。

まず、犯人を特定する

どんな対策がいいか。２つの方法を提案しておきます。

泣き寝入りする必要はありません。ネット上なら、信頼できる同僚や友人のなかで、ネットに詳しい人物に依頼して発信者を突き止めてもらってもいいでしょう。

もし突き止めても、喧嘩腰で文句を言うというのは、あまり賢くありません。冷静に話をすることです。

「この情報、あなたが流しているということがわかったのだけれども、事実ではないので、訂正してくれないかな」

犯人はドキリとします。怒らせようとして仕組んだのに、怒りを露わにするのではなく、クールに指摘されると、かえって反論のしようがありません。逃げ道はありません。

とにかく、内心は怒っていても、その怒りに振り回されないことです。

「お前だろ、こんな情報を流しているのは！　ふざけるんじゃない」

そんな言葉で、胸倉をつかみたくもなりますが、そこはジッと我慢。冷静に対処することで、相手へのダメージはさらに大きくなります。まわりの人も、「この人、懐が大きい人だな」と見てくれるようになります。

もうひとつは、流れている悪い情報が無根であるということを、きちんと論理的に証明することです。金銭上のことなら経理に資料を出してもらったり、人間関係のトラブルだったら、そこに関わる人に証言をしてもらったりして、自分が潔白であることを示します。

その上で、「自分にまつわる悪い噂は、すべて悪意のある人物の情報操作です」と、毅然とした態度で言い切ってしまえばいいのです。

「情報操作をされた！」と、頭から湯気を出して怒っても、これは、逆効果です。何の解決にもなりません。逆にまわりからは「本当のことだから怒っている」と勘違いされる危険性もあります。

それよりも、気持ちを落ち着けて、まわりの人にも相談しながら、確実な対処法を考えます。

冷静に論理的に事実関係を説明する

「あいつは、トラブルに対して、冷静に対処できる」

禍《わざわい》転じて、そんな賛辞の嵐が湧きおこるかもしれません。社内でのことなら、上司の評価も高まったりします。

これは、誰かが「ここだけの話」だとして、伝言ゲームで仕組んだ情報操作への対応策としても有効です。

対応の仕方ひとつで、うまく収まることもあれば、火に油を注ぐこともあります。クレームの処理もそうです。慌てふためいて、パニックになっていては、相手の思うツボです。逆に、相手を慌てさせるくらいの対応をすることです。自分に何らやましいことがなければ、堂々としていればいいのですから。笑顔でいればいいのです。

そうすれば、応援してくれる人が増えてきて、情報操作によって陥れようとしている犯人の思惑は完全に外れてしまいます。「ざまあ見ろ」です。

余談ですが、政治家としての総合的な評価はともかくとして、現東京都知事である小池百合子さんの、都議会、メディアに対する応対ぶりは評価に値すると私は感じます。東京オリンピック、築地市場の豊洲《とよす》移転に関するゴタゴタに対して、生の感情を抑えて、ときに笑みを浮かべながら自分の考えを主張する物腰には好感が持てます。

それだけでも「なんとなく、この人は正しい」と感じる人も多いのではないでしょうか。

話す内容はどうでもいいなどというつもりはありませんが、柔和な表情、笑顔が話すことの説得力を増すことだけは、間違いないようです。キャスター出身の小池さんは、「正しい情報操作」に長けているのかもしれません。

第2章
忘れられない悲しみに
どう折り合いをつけるか

忘れられない悲しみにどう折り合いをつけるか

たとえば……

なぜ、もっと親孝行ができなかったのか

亡くなった人が本当に望んでいること。それはあなたが忘れないこと、感謝すること。そして、幸せになること、ともに生きたことで孝行はすんでいます。

親を亡くすというのは辛《つら》いものです。もっと親孝行をしておけば良かったと、悔いばかりが残ったりします。

しかし、残念ながら、時間は戻せません。もしかりに、時間が戻せたとしても、今度は親孝行ができるかというと、そういうものでもありません。結局、親しい人が亡くなったときには、何らかの後悔が残るものです。

その理由のひとつは、死んだ人は美化されるものだからです。

よくいわれるのは、バツイチの女性と仲良くするのはそれほど難しくないけれど、夫と死に別れた女性とはなかなか一線を越えることができないということです。たとえ、生きているときには冷めた夫婦だったとしても、夫が亡くなったとたん、自分の心をときめかせた夫の姿や一緒に暮らしたときの楽しい思い出が次々と蘇ります。夫の生前「なんでこんな人と結婚しちゃったんだろう」と思ったことなど、どこかへ吹き飛んでしまうのでしょう。

亡くなったお母さんに対しても、同様です。

生きているときには、「うるさいなあ」とか「そんなこと関係ないだろ」と憎まれ口を叩いていたのに、亡くなったら、見方がガラリと変わってきます。そんなことを口にしたことが悔やまれてくるものです。

実際には、自分だけが悪かったわけではない。お母さんも口うるさかった。それでも、「もっと優しく接しておけばよかった」「もっと親孝行ができたはずだ」などの後悔の念にさいなまれてしまいます。そうした思いが母を失った悲しみをより深くしてしまうのです。

親であれ、伴侶であれ、親しい友人であれ、最愛の人を亡くすということは、残された人間にとってそれだけインパクトのあることなのです。

亡くなった人は何を望んでいるか

だけど、いつまでも悲しみの中にいるわけにもいきません。いくら悲しんでも、お母さんは帰ってこないし、暴言も取り消すことができません。

私には、死後の世界とか天国があるかどうかはわかりません。

しかし、もし私が死んでいく立場だったら、自分の子どもが、「苦労ばかりで申し訳なかったな」とか「親孝行ができなくて悪かったな」と思ってくれたら、それだけでもうれしいだろうと思います。

存在を忘れられたときが本当の死なのだという人もいます。

お墓参りも、「あなたのこと、忘れてないよ」というメッセージだと思います。年に一度はお墓の前で手を合わせて、近況を報告するのもいいことです。兄弟で、思い出話をするのもいいでしょう。

悲しんだり、後悔するばかりではなく、母親はもういないという現実を受け止めて、その上で、もし天国があって、母親が空の上から自分たちを見ているなら、こんなふうにしていれば喜ぶだろうなと思えることをしてください。

親なら、子どもには笑顔で生きていってほしいと願います。後悔して悲しんで、泣いてばかりいても、喜ぶはずがありません。しばらくは悲しみに浸るのもいいでしょう。でも、しばらく悲しんだら、どこかで気持ちを切り替えて、母親に笑顔を見せてあげてください。それが親孝行でしょう。

亡くなった人は残された人に何を望むでしょうか。

親であれ、子どもであれ、伴侶であれ、あるいは親しい友人であれ、亡くなった人たちは、残された人が笑顔で幸せに暮らすことだけを願っているのです。

「3歳までに親孝行はすんでいる」という言葉の真理

「母親に苦労ばかりをかけてしまった。何か償いをしたい」

もしそう思うなら、残された人間にできることが2つあります。

ひとつは母親を忘れないことであり、もうひとつは感謝することです。そしてもっ

とも大切なのは、母親が喜ぶような生き方をする、つまり自分が幸せになることです。

幸せの姿というのは、人によって異なるでしょう。お金持ちになったり、出世することという人もあるでしょう。貧しくとも家族仲よくという人もいるでしょう。千差万別ですが、いずれにせよ、喜びや満足をもって精一杯生きることです。

その姿を、母親が見ることができれば、とても喜ぶし、最高の親孝行になるのではないでしょうか。

子育てというのは、決して苦労ばかりではありません。

「あんなにかわいい姿を見せたのだから、3歳までで親孝行はすんでいる」

青春時代に幾度か犯罪を犯し、両親を悲しませたある人物の親はそのような意味のことをいっています。この言葉は一面において、たしかに親子の関係の真理をついています。

目に入れても痛くないほどのかわいらしさを見せてくれる幼児時代。お乳をあげたり、おむつを替えたり、一番、手のかかる3年が、親にとっては、とても幸せな時期でもあります。大変だけど、全面的に自分に頼ってくれて、自分の顔を見れば笑ってくれる。そんな体験は、成長してしまうとできないのです。

子どもにとっては「産んでもらった」「育ててもらった」ですが、親にとっては「生まれてきてもらった」「育てさせてもらった」なのです。親にとっては、子育てそのものが幸せなことなのです。子どもとしては、親孝行ができなかったという後悔をする必要はないのです。

たとえば……

障がいをもって生まれたわが子が不憫《ふびん》だ

まず、差別の視線を捨てて、障がいをその人の「個性」と考えてみる。障がい者にしかできないことがたくさんあります。

障がいのある子どもが生まれるのは不幸だという思い込みがあります。果たしてそうなのでしょうか。

現実問題として、たしかに大変ではあります。しかし、あまりにもそれを過大視してしまうから、余計に子育てが大変になってしまうという傾向もあります。

知的な障がいのあるお子さんをもつ年配のご夫婦が相談にみえました。お子さんといってももう大人です。ご夫婦は、子どもの将来のことが心配でたまらないし、どう育てればいいかということで、しょっちゅう夫婦げんかをして、疲れ切っていました。

私はいいました。

「子どものことばかりを考えていると不幸になりますよ」

実際、話を聞いていると、彼らは、子どものことばかりを考え、つねに「子どもが不幸」と信じて疑わず、そのことばかりを考えて、泥沼に足を踏み入れてしまっています。

「自分たち夫婦がどうやって残りの人生を楽しむか考えたほうがいいですよ。もう少し自分たちのことを優先してください」

そうアドバイスしました。その夫婦は、それを素直に聞き入れてくれました。

子どものことばかりに向かっていた意識が、自分たちのほうに向くことによって、いろいろと気づくことがあったようです。まずは、夫婦げんかが少なくなりました。

そして、２人で旅行にも出かけるようになりました。親戚をはじめとするまわりの人や施設の人たちに子どもの世話をお願いし、自分たちがやりたいことをやってみるという方向に、生き方が変わってきました。

すると、障がいをもった子どもにも変化が生まれました。少しずつ、自分でできることが増えてきました。

障がいのある子が生まれると、多くの親御さんたちは、自分たちの人生をすべてその子のために使わなければならないと考えてしまいがちです。

しかし、そう考えてしまってはやがて残される子どもがかわいそうです。まず、自然の順番として、親のほうが先に死ぬわけですから、いかに親ががんばってみても、どこかで親の手を離れます。

それならば、できるだけ早くその事実を受け入れることです。まず、社会に助けを求めることがとても大切なことです。

「不憫」や「悲観」の目は失礼なこと

障がいがあると、自力だけでは生きていけないかもしれません。しかし、社会には、そういう人たちをサポートするシステムがあるわけです。そのシステムを、大いに活用すべきです。

障がい者が、親の世話になるばかりではなく、いろいろなところへ出て行くと、彼らも刺激を受けて、自分がどう生きていけばいいのか、彼らなりに考えることができるようになります。障がい者への理解のある人も世の中には数多くいます。

実際、知人から聞いた話です。

ある夫婦にお子さんが生まれましたが、三つ子でした。そして、そのお子さん3人ともが障害をもっていました。夫婦はこのお子さんたちを立派に育て上げ、そのお子さんたちはいまでは夫婦が立ち上げた自然農法の仕事を手伝っています。さらに、この農場では、たくさんの障がい者が働いており、そこで生産される米、野菜はもちろん、加工食品が大人気になっているのです。

そこには、多くの知的障がい者、身体障がい者が働いています。作業の速さや効率性では劣るものの、ていねいな仕事ぶりによって生産される農製品への信頼が高まっています。

昨今、食の安全が大きな問題になっていますが、農薬を使わない農産品を求める消費者が増えています。あまりに人気で、生産が間に合わないほどだそうです。ほかにも、パラリンピックはもとより、障がい者がプロレスをやったり、お笑いをやったりと、すごいことが起こってきています。

健常であろうと障がいがあろうと、人というのは、誰かの役に立てることが幸せなのです。世の中に適応できなくて、フリーターやニートをやっている人たちが、障がい者の施設でボランティアをしたりすると、瞬く間に元気になったりします。

それは、彼らと時間を共有することによって、健常者にはない障がい者の才能、生きていくための苦労といった現実を肌で知り、いままでに自分には欠けていた生き甲斐を感じはじめるからではないでしょうか。

そして、「自分よりも不幸な人がいる」と、差別的に見るのではなく、障がいをひとつの「個性」として受け入れるからではないでしょうか。その結果、「自分たちも誰かの役に立っている」と実感できるからです。

健常者が障がい者に学ぶこと

逆に、障がい者をもつ人たちの視点から見れば、フリーターやニートの人たちに生き甲斐をもたせてあげているという意味で、役に立っているわけです。

見た目は、健常者が障がい者の面倒を見ている形ですが、少し深く掘り下げると、そこにお互いが支え合っている構図が見えてくるのです。

障がい者は、何もできなくて、社会のお荷物になっている人たちだという考えは大

きな間違いです。彼らの存在があって、救われたり、支えられたりする人はたくさんいます。

改めて障がいという現実を考えてみると、障がいをもつ子どもの親が「自分が面倒を見なければこの子はおしまいだ」と思うのはおかしいということがおわかりになると思います。障がいのある子どもを産んだのは自分のせいだと、自身を責めるお母さんもいますが、そんなことはまったくありません。

気持ちは重々察しますが、「不憫」「悲観」は障がい者に失礼なのではないでしょうか。日常生活の中でできないことは多いでしょうが、できないことは誰かにやってもらえばいいのです。彼らの笑顔によって癒される人もいるし、「ありがとう」というひと言が生きる勇気になる場合もあるし、目に見えない形かもしれませんが、障がい者の方々は、きちんとお返しをしているのです。

「私たちを親に選んでくれて、ありがとう」

障がい者の子どもをもつある親の言葉です。

忘れられない悲しみにどう折り合いをつけるか

たとえば……

自分には学歴がないから……

「一流大学卒＝いい生活」なんて、現代、そして未来は通用しない！　学歴がないからこそできることがいっぱいある！

「アベノミクスは成功している」

当の安倍首相は自画自賛ですが、私にはとてもそうは思えません。富める者とそうではない者との所得格差がどんどん広がっています。その結果、教育の機会平等が大きく損なわれています。

とても成績がいい子どもたちが、家庭の経済的理由で、希望の大学への進学をあきらめるというようなことは、決して珍しくなくなってきています。

自分の希望が叶えられないことは、当事者にとっては悲しいことです。しかし、だからといって、それが決定的な不幸かといえば、そうとも言い切れないところもあります。

そもそも、なぜ大学へ行くのかということです。政治が悪いという現実はたしかですが、だからといって悲観することはありません。

かつては、有名大学を出れば、大きな会社へ就職できて、そこそこ、いい生活が保障されました。しかし、いまの時代はどうでしょうか。大学へ行っても、希望する就職先がなかなか決まらずにいたり、就職してもすぐに辞めてしまったり、「一流大学卒＝いい生活」という図式は成り立たなくなってきています。

これまでは、有名大学を出て、大きな会社へ勤めるというのが、頭のいい人のコースだったかもしれませんが、今は、大企業であっても、決して安泰ではありません。

「えっ、あの会社が危ない？」

そんなことはいくらでもあるわけで、それはソニー、シャープ、そして東芝の例を引くまでもありません。

学歴だけを武器に大企業でぬくぬくと働いていた人は、不景気になって、リストラされたり、倒産して失業してしまったら、そこからの再起はなかなかできません。

大学がすべてじゃない！　選択肢はいくらでもある

今後、頭のいい人は、「有名大学→大きな会社」とは違う道を歩んだほうが賢明です。起業するとか、フリーランスでがんばってみるとか、職人になるとか、農業や漁業をやるとか、さまざまな道があります。起業するだけのバイタリティがあったり、フリーランスで生きられる力をもっていれば、どんなに景気が悪くなっても、何とかなります。

これからの時代は、学歴よりも生命力です。どんな状況になっても生き延びていける力です。

たとえば、中学校を出て、すぐにすし店に就職して、がんばって一流のすし職人になった人は、日本がダメになれば、アメリカでもヨーロッパでもやっていけるわけです。すし職人以外の料理人も、包丁一本あれば、世界のどこでだって食べていけます。実際、私はそうして大成功を収めた人を何人も知っています。

農業の世界にも可能性が満載です。

無農薬栽培もそうですし、フレンチやイタリアンで使われる新しい野菜の生産にチャレンジするとか、工夫をして作物を作れば、「こんなに高いの」という値段がついていても、飛ぶように売れていきます。

料理の世界、農業の世界以外にも、いくらでも可能性はあるでしょう。

大切なのは、選択の幅がどれだけあるかということです。選択のない人生はとてもさみしいし、つまらないものです。もちろん、学歴が高いほうが選択肢は多少増えますが「大卒のレール」は、かつてのように必ずしも「幸福駅」につながっているわけではないのです。

私が、一番かわいそうだと思うのは、親が医者だから、政治家だからという理由で、自分も医者にならなければならない、政治家にならなければならないという立場の人たちです。中には好きで跡を継ぐ人もいるかもしれませんが、多くが、家に縛られて自由のない人生を余儀なくされています。

彼らは、有名大学へ行けるかもしれません。しかし、その後の道が、もう決められています。それよりも、大学へ行かなくても、小さな会社で働きながら、「いつかは」

と大きな志をもって、自分で何かをやり遂げる人生のほうが、はるかに幸せかもしれません。私が知っている何人かを見るかぎりは、とてもすてきですよ。

「ないもの」で悲しんでも、物事は解決しない

学歴がなければやりたいことができないという考え方は捨てましょう。逆に、学歴がないからこそ、自由にやりたいことができるということもあるのです。

私の知り合いは、高卒で信用金庫へ入りました。しかし、保守的なところだったので、大卒でないと出世ができません。そこで彼は、その信用金庫に見切りをつけ、辞めてしまいました。そして、信用金庫の数年間で培った知識や体験、人脈を生かして、不動産業を始めました。

すると、それが大成功。たった一人で始めた不動産屋でしたが、みるみるうちに大きくなっていきました。大きな取引もするようになり、信用金庫にいたらとても手が届かないような額の収入を得るようになりました。

有名大学を出た信用金庫のトップが、高卒の彼に頭を下げるようなことも起こってきました。気持ちいいじゃないですか。もし、彼に学歴があったら、なかなか辞められなかったでしょう。学歴がなかったからこそ、思い切って独立することができたの

です。

彼は学歴という自分に「ないもの」に悲しんだり、拗《す》ねたりせずに新しい道を切り開いたわけです。

大学へ行くことがすべてムダとはいいませんし、受験勉強そのものは読解力や思考力をつけるいい方法ではありますが、大学へ行くかどうかで幸せは決まりません。

大学へ行けなければ、学歴で将来が決まるような道を選ばないことです。そういう道はいくらでもあります。学歴くらいのことで嘆くのはバカバカしいことだと思えれば、いつも笑顔でいられるものです。

忘れられない悲しみにどう折り合いをつけるか

たとえば……

結婚できると思っていた相手に一方的に捨てられた

まず、「捨てる、捨てない」という発想をやめる。次に「結婚＝幸福」という幻想に囚われないこと。

「結婚できると思っていたのに、突然、捨てられた。どうしたらいいのでしょうか」

ある女性からそんな相談を持ちかけられました。

「悲しくて、悲しくて……」

「もう二度と結婚の機会がないのでは……」

ちょっと同情はしますが、まず、こう助言しました。

「捨てる、捨てないといういい方をやめましょう」

そして、私はこう尋ねました。

「『結婚＝幸福』という考えに囚われ過ぎていませんか？」

まず、「捨てられた」という考え方は、自分を貶《おとし》めるばかりです。また、結婚が確実な幸福への道という図式が成り立たないのは、まわりを見ればよくわかるはずです。

とにかくラブラブで、結婚式では幸せとはこういうものだと見せつけていたカップルが、5年、10年、15年とたって、果たしてどうなっているか。

何日も口をきかなかったり、とんでもない修羅場の中にいたりすることも、珍しくないわけです。

まず、男女間の問題は理屈だけでは説明できませんが、結婚の約束を一方的に違《たが》えるというのは、それが男であれ女であれ、大きな問題ではあります。パーソナリティに問題がある可能性も大です。

しかし、考えてみましょう。そんな相手と結婚して、うまくいくと思いますか。頭を冷やして考えればわかることです。いまよりも、もっとひどい状況で別れることになる可能性は非常に高いでしょう。ひょっとしたら子どもも生まれているかもしれません。自分ばかりか、子どもが背負う心の傷の深さは、いまとは比較にならないでしょう。

「悲しみ」は人生の教材

視点を変えてみましょう。

繰り返しますが、「捨てられた」と思うから悲しいわけです。視点を変えて、実際にはこれは不幸中の幸いで、その相手が将来不幸に向かうあなたに早めにブレーキをかけてくれたと思えばいいのです。辛いことではあったけれども、自分を守るためのブレーキがかけられたのです。

「結婚をえさに、体をもてあそばれた」

「体だけが目的だったのか」

私自身、女性にヴァージニティ（処女性）を求めることはありませんが、なかには、そんな悔しさを抱く女性がいるかもしれません。

しかし、これも考え方次第です。その経験で男性を見る目が磨かれたはずです。処女でなければ結婚できないという時代ではありません。また、そんな発想をする男性なら、こちらから願い下げです。「遊んでやった」くらいの気持ちをもちましょう。要は、自分が賢くなったと考えればいいのです。人生においての悲しみは、ある種の教材です。その悲しみを繰り返さないことを心がけるべきです。「つまらない男とはこういう男だ」と、ひとつの基準ができたわけですから、次は、同じような失敗はしないことです。そのためには、「結婚＝幸せ」という幻想は捨てます。結婚するとかしないとかは関係なく、その人を尊敬できるか、愛せるかという冷静な目をもつことが必要です。

「起きてしまったこと」は「起きなかった」にはできない

これからは、恋愛と結婚を切り離して考えてみましょう。

別れてしまったなら、もうそれを引きずらないこと。

別の項で死んだ人は美化されるという話をしましたが、別れた相手に対しても、そういう心理が働くことがあります。新しい恋人ができたり、結婚をしたとき、相手とけんかをしてしまったり、不満をもってしまったりすると過去への未練が浮かびあがってくることがあるかもしれません。

「ああ、あのときの彼と結婚していたら、こんな嫌な思いをしなかったのに」

ついつい、そう思ってしまうかもしれません。

しかし、そんなときは、嫌な現実に直面して、別れた相手、そして過去を美化してしまうという危険領域に足を踏み入れてしまうのです。

「あのとき、別の選択をしていたら」

そんな発想は、多くの場合、間違っているということを頭に入れておいてください。起きてしまったことは、起きなかったことにはできません。

できないとわかっていることに囚われていては、決して幸せになれません。笑顔がどんどんと失われていきます。

一方的に捨てるような相手とは別れて正解だったこと。その体験を次の恋愛、結婚の糧にすること。そして、あとに引きずらないこと。この3つを心掛けていれば、笑顔は戻ってきます。

忘れられない悲しみにどう折り合いをつけるか

たとえば……

裏切られた

人間関係のトラブルは「白黒」だけでは解決しない。加害者はもちろん、被害者の「自省」も必要なんです。

信じていた人に裏切られるというのは、悲しくてたまらないことです。

裏切りにもいろいろとあります。

「浮気をされた」「打ち明けた秘密をばらされた」「陰口をいわれた」「恋人をとられた」「貸したお金を返してくれない」……。

こうやって並べると、こちらが被害者、あちらが加害者であることは明らかです。しかし、裏切られたと思っている人には申し訳ないけれども、逆の立場に立てば、相手の言い分というものもあるはずです。

えてして、自分の悲しみの原因を他人ばかりに求めてしまうと、本質が見えなくなってしまいます。友だちに裏切られたというけれども、本当に裏切られたのでしょうか。そこから考えていく必要があります。

古い話になりますが、わかりやすく「本能寺の変」を例に考えてみましょう。織田信長が京都の本能寺で部下の明智光秀に襲われ自害した事件です。光秀は信長の腹心ですから、まさに部下の裏切りです。

しかし、それは信長の視点で見てのことであって、光秀から見れば、信長を殺す理由はあるわけで、裏切ったわけではなく、正義の戦い、悪いのは信長のほうだという言い分があるのです。

たとえば、浮気をされたとします。浮気をされた側からすれば、とんでもない裏切りです。そんな相手とは、さっさと別れたほうがいいと、私は思います。でも、そうはいかないのが男女の仲です。

浮気をされたとき、相手を責めるだけでは解決しません。別れてしまえば、お終いということになりますが、修復したいと思うなら、ちょっと考えてみましょう。

「もうしません」と、しおらしく頭を下げても、また同じようなことが起こってくるのは、世の常です。

人間関係の裏切りは「白」と「黒」だけでは語れない

裏切りを生んだ原因を特定しなければなりません。

人間関係には、片方が１００％悪くて、もう一方が１００％正しいということは、まれにしかあり得ません。「白黒」だけでは物事は語れません。

もちろん、浮気をしたほうが悪いのは間違いありません。それが大前提ではあります。でも、浮気をされた側も、自分を見直すことが必要です。

浮気をするような相手と結婚したのも、いくら、強引に迫られた結果だったとしても、自分の選択の結果です。強引さに弱いというのも、自分の欠点です。

長く一緒に生活していると、毎日が惰性になってしまうこともあります。ときめきとか刺激がない日々というのは退屈なものです。身だしなみも考えず、言葉もぞんざいになっていた可能性もあります。掃除をしてくれたり、買い物をしてくれても、当たり前のようになってしまって、感謝の気持ちを忘れていたりしていたかもしれません。

もちろん、それだからといって、浮気をしてもいいということにはなりません。**しかし、何度もいいますが、裏切りのベースには、何らかの理由、原因があるはずなので、そこを見つめなければ、今度はまた違った形で、あるいは、違う相手に、「裏切られた！」という悔しく悲しい思いをしなければならなくなります。**

親友であろうが、恋人であろうが、夫婦であろうが、お互いが何の努力もせずに、ずっとその関係が保たれると考えるのは大きな間違いです。甘い考えです。

人と人との関係は、常に変化しています。

「自省」を忘れない

ちょっとしたことで、バランスが崩れて、心が離れてしまうこともあります。それを当然のこととして受け止めることです。自分自身も、裏切りという行動に出なくても、親友に対して嫉妬をしたり、恋人に対してうとましく思ったり、夫や妻に対して魅力を感じなくなったりすることはあるはずです。

裏切られることは、本当に悔しいし、悲しいことですが、人間社会に生きている以上、多かれ少なかれ、必ず起こることです。できるだけ、大きな裏切りにあわないように、人を観察する目は必要ですが、どんなに注意深く生きていても、絶対に裏切られないようにするのは無理だし、自分も小さなことで、人を裏切っているかもしれません。「お互い様」の部分もあるということです。

裏切られたときには、どうしても許せなかったら、離れるしかありません。しかし、そういうことになっても、自分にも、少しだけかもしれませんが、「非があったかもしれないな」と考えてみることも必要かもしれません。

「自省」という言葉があります。『大辞林』には「自分の言動を自ら反省すること」とあります。

裏切った側が自省するのは当然ですが、裏切られた側も「裏切られたから悲しい」「私は間違っていない」という思いをいったん脇に置いて、自省してみるのはいかがでしょうか。そうすることにより、その後に同じようなことが起こるリスクが少なくなり、悲しい顔が笑顔に変わるかもしれません。

忘れられない悲しみにどう折り合いをつけるか

たとえば……

上司が正当に評価してくれない

「ちゃんと見てくれる人」は間違いなくいる。ただ、会社への依存度はつねに抑えておくこと。

「サラリーマンはいいな」と思うことがあります。それは、部署が変わったり、上司が変わったりすることです。

私自身、経験したことですが、大学病院に勤務する医者は大変です。ずいぶん前に、私自身は自らの意志で大学病院を辞めましたが、一般の医師には医局制度というのがあって、その枠組みにがんじがらめになっています。今は、多少は緩くはなっているようですが、それでも、一般の会社と比べれば、はるかに不自由な世界です。

医局というピラミッドの頂点には教授がいます。絶対的な権力をもっています。その医局に入ってしまうと、教授と相性が悪ければ大変なことになります。

そんな教授の下についた医者は、いつも、ムカムカイライラ、ストレスを抱えていなければなりません。喧嘩して飛び出せば自由の身になれるのですが、その先のことを考えると、そんな勇気のある医者はなかなかいません。

みんな、我慢して、イヤな教授が退官するのを待っているわけです。下手をすると15年くらい待たされるのですが、次の教授も、やっぱりイヤな人間だったりするわけで、自分が教授になるまで耐えようという話になるのです。

耐えて、耐えて辿りついた教授です。人によっては、自分がやられたことを、ここぞとばかりに下についた医師にやる人もいます。いやいや、何ともいやらしい世界じゃないですか。

私は精神科医ですが、保険診療の医師として開業しているわけではありませんし、大学病院とはまったく縁がありません。医局の外にいる人間です。ですから、こうやって好き勝手なことをいっていられるのです。

さて、本題に入りましょう。

「上司が自分を正当に評価してくれない、冷たいとき、どうするか」です。

まず、別の部署の、話をわかってくれそうな上司に相談してみることをおすすめします。上司同士はライバルだったりします。そのライバルが部下に嫌われているということがわかれば、上司としての資質に欠けるということをアピールする材料になります。相談されて気分が悪い人はまずいません。

そうなると、「うちの課へ来るか?」という話が浮上するかもしれません。もしかすると、冷たい上司から逃れることができるかもしれません。しかし、あまりフェアな方法とはいえませんし、別の項で述べたように「情報操作」をしている人間という烙印を押されてしまう可能性もあります。

いかにライバルの失点であっても、報告された別の上司がこちらが考えたようなシナリオで動いてくれるという保証もどこにもありません。

「ちゃんと見ている人」を意識して働く

冷たい上司から解放されたいと思うなら、いちばんオーソドックスな方法は、自分のスキルをアップしていくことです。

まともな会社であれば、与えられた仕事を誠実に一生懸命にこなし、そして成果を上げていれば、事態は動きます。

その冷たい上司の上には、さらに上司がいます。「見ている人は見ている」と信じることです。その人の目に止まることもあります。冷たい課長なら、そうではない部長の評価を得ることです。自分の上司である部長が評価する部下には、冷たい課長も態度を変えざるをえません。

直属の上司の評価はあきらめてしまえばいいのです。もっと上を見て仕事をすればいいのです。役員や社長に評価されたら、もう鬼に金棒です。オベンチャラや世渡り上手が幅をきかす会社ならいざ知らず、**まともな会社においては、社員の評価の尺度は「会社の利益への寄与」です。厳しい言い方をすれば、上司が「冷たい」とか、部下が「悲しい」とかはどうでもいいことなのです。そのことを肝に銘じるべきでしょう。**

誠実に働き、成果をあげていけば、冷たい上司を追い越してしまうかもしれません。その是非については、私自身、必ずしも賛成できませんが、いまや、かつてのような年功序列制度は多くの会社で崩壊状態といってもいいのですから。

最後の拠り所は自分

どうしても上司の態度に耐えられないのなら、その会社に見切りをつけるという選択肢もあります。しかし、冷たい上司、ギスギスした職場であっても、「見切り発車」は禁物です。

「いつかここから脱出してやる」

そのモチベーションをバネに「どこでも通用する人間」になる努力を怠らないことです。自分にとって悲しいのは、上司の態度であって、仕事そのものではないはずです。「ベンチがアホやから」といって、仕事の手を抜いてしまえば、スキルアップなどできるはずがありません。

会社への忠誠心や帰属意識が希薄になることは仕方がありませんが、仕事への真摯な態度だけは失ってはいけません。どんなにイヤな会社、イヤな上司であっても「仕事ができる自分」を築き上げるためのツールと考えれば、悲観する気持ちも消えていくはずです。学校に通いながら、給料をもらっていると考えてみましょう。

これからは、会社に守られてぬくぬくと生きていける時代ではありません。どこへ行っても通用する力をつけておくことです。実力をつけることこそ、笑顔を生み出す最高の良薬です。

忘れられない悲しみにどう折り合いをつけるか

たとえば……

子どもの不登校、夫の無理解

世間の常識にがんじがらめになっていませんか？　いくつもの選択肢があることを忘れないことです。

心理的視野狭窄という心理学の専門用語があります。わかりやすくいえば「凝り固まった思い込みに支配されてしまっている状態」です。

たとえば、子どもの進路のことで、夫と話し合おうとするのに、夫が「忙しいから」とか「子どものことはお前に任せた」といって、話し合いの時間をもってくれないとしましょう。

「そんなこと、いわれても」

そう食ってかかったりすると、喧嘩になってしまいます。夫の顔を思い浮かべるだけでも腹が立ってきて、笑顔どころの話ではありません。孤立感にさいなまれて、悲しい気分になってしまいます。

夫がそういう態度なら、しかたがありません。

「お前に任せる」といっているのだから、「じゃあ、2人で決めるから、あなたは決まったことに口出ししないでよ」と、夫を仲間外れにしてしまえばいいのです。

「でも、私は現実社会のことがよくわからないし、決められない」

そういう人もいるかもしれません。

そんなときは、別に夫ではなくても、学校の先生でも、親でも、親戚でも、友だちでも、いくらでも相談できる人はいるはずです。にもかかわらず、「子どものことは夫と相談しなければならない」と思ってしまうことが、心理的視野狭窄の状態なのです。

心理的視野狭窄に陥ってしまった状態では、ほとんどの人の顔から笑顔が消えてしまいます。そうならないための方法はあります。

「これがダメならあれもある」

「こんな方法もあるじゃないか」

「とにかく、トライだけはしてみよう」

そんな風に、日ごろからチャンネルを増やしておけば、物事がうまくいかないときでも、心理的視野狭窄にならなくてすむのです。

学校は本当に「行かなければならない」のか？

たとえば、子どもが不登校になったとします。

親はものすごくうろたえます。中学生だったら、「高校に進めるだろうか」、あるいは「ひきこもりになるのでは」などと悲しい気分になってしまいます。母親が、その不安を一身にかぶることになります。

「お前の育て方が悪いからだ」

「学校くらい行けなくてどうする。社会はもっと厳しいんだぞ」

夫に相談しても、一緒に考えるどころか、怒るばかり。捨て台詞《ぜりふ》を残して出勤してしまいます。帰ってくると、「今日は行ったか」と不機嫌そうに尋ねるだけ。仕事だ、つきあいだと、親身になって解決しようとしない父親がたくさんいます。さらに悲しくなってきます。

そんなとき母親は途方に暮れてしまいます。夫がダメなら、先生に相談しようと、学校へ出かけて行くのですが、なんの役にも立ちません。それどころか、学校の先生のほとんどは「不登校は悪」だと思っていますから、母親の不安を余計にあおるような話しかしてくれません。悲しみの心にさらに悲しみが上塗りされてしまいます。

「学校へ行くのは当たり前だ」

「学校へ行かないと将来は真っ暗だ」

そうした思い込みに支配されてしまっています。本当にそうなのでしょうか。これも、心理的視野狭窄です。

そんなとき、親は「もっと広い視野で考えてみる」ことをとにかく意識してください。まず、世間一般的な常識を疑ってみましょう。たとえば、相談する相手が、夫と学校の先生だけというのであれば、常識にとらわれ過ぎています。これも視野狭窄です。

「行かなくてもいい」で子どもの心を解放する

子どもにとって、いま通っている学校がすべてではありません。

いまは、フリースクールのような、不登校の子どもたちのことを、彼らの立ち場で考えてくれるところもあります。そういうところへ足を運んで、そこではどんなことが行われているのか、子どもたちはどんなふうに過ごしているのかを、見学に行くくらいの行動力が必要です。

フリースクールの先生に相談すれば、「なぜ、不登校になったのか」について、子どものおかれた状況などを検証しながら、夫や学校の先生の話とはまったく違う説明をしてくれるはずです。きっと、子どもの不登校を解消させるための対策やヒントが得られるはずです。あるいは、無理に行かせる必要はないとアドバイスをしてくれることもあるでしょう。ただただ不安を抱えて、家に閉じこもっていては、心理的視野狭窄は解消されないのです。

そこで得た情報をもとに対応法を子どもに対して行うことで、子どもの不登校も解決の方向に向かうことがきわめて多いのです。

本当にこの子たちが不登校だったのかと思えるくらい、子どもたちは生き生きと過ごしていたりします。子どもも親の言葉によって、「別に、本当に辛かったら、学校へ行かなくてもいいんだ」という気持ちになれると余裕が生まれます。やがて笑顔も戻ってきます。

不登校にかぎらず、物事がうまくいかなくなったとしても、いくつでも選択肢があります。進学も就職も結婚も、「こうでなければならない」ということはひとつもありません。引きこもりのまま、在宅ワークやネットトレーダーとして稼いでいる人はいくらでもいます。

「いま、自分は心理的視野狭窄に陥っているのではないか」

さまざまな悩みで心理的に追い込まれたとき、そう自問してみる。そのことを知っているだけで、選択肢が広がります。塞ぎこんだ気分からも解放され、笑顔が戻ってくるかもしれません。

第3章
どうすれば、この不安から逃れられるのか

どうすれば、この不安から逃れられるのか

たとえば……

このままだと孤独死しそうだ

「家族と一緒」が幸福とはかぎりません。いい人間関係を紡《つむ》げれば、ひとりで暮らしていても、イザというとき、救いの手が差し伸べられます。

テレビのニュースや雑誌で、「孤独死」のことが話題になったりするものですから、必要以上に、ひとりでいることを怖がる人が増えてきました。

しかし、よく考えてみましょう。孤独死がニュースになるのは、珍しいからです。頻発する交通事故で人が亡くなったくらいではニュースになりません。珍しくなくなってしまったからです。

ということは、孤独死が日常的に起こっていることではないということです。同じ心配なら、孤独死よりも交通事故にあうことを心配すべきでしょう。

だいたい、女性の方が長生きするわけですから、子どもと一緒に暮らしてなければ、かなり高い確率で独居老人になります。それを前提に考えることも必要です。ひとり暮らしが果たしてマイナスばかりなのかということも含めて考えましょう。

介護保険がはじまってから、要介護であれば介護ヘルパーさんが必ず訪ねてくれます。実は孤独死のほとんどは元気な高齢者なのです。

現実を見ればわかりますが、山の中の一軒家にひとりで暮らしているのならともかく、都会でも田舎《いなか》でも、何らかの形で外とつながりをもっていれば、きっと、誰かが救いの手を差し伸べてくれるはずです。

日々の生活も、都会ならコンビニがあちこちにあるし、田舎でも、いまは宅配をしてくれます。怖い怖いとビクビクしていては、笑顔も出ません。いつも困った顔をしていると、人もなかなか近づいてくれなかったりして、ますます孤独になってしまいます。それよりも、ひとりでいる不安や不便を、どうやったら解消できるか、自分で工夫してみることです。ニコニコしていれば、声をかけてくれる人も増えてくるし、いろいろと知恵を授けてくれたり、助けてくれたりする人も出てくるものです。

「家族のなかの孤独」のほうが怖い

現代社会では、一人で暮らしていても、必要以上に不安に感じることはありません。ある統計が出ています。

独居の人よりも、家族と暮らしている老人の自殺率が高いのです。それは、家族づきあいのなかで心を痛めたり、家族に迷惑をかけていると悩んでしまうからです。一人暮らしなら、そんな気を遣うことはありません。介護保険を使ってヘルパーさんに来てもらっていたほうが、ずっと気楽です。

それに、独居老人の予備軍である今の50代の方は、だいたいネットも使えます。メールやSNSを使って、いろいろな人とつながり、情報の交換をしたり、愚痴を言い合ったり、たまにはオフ会でお酒を飲むこともできます。独居老人というと、何だかわびしく哀しい響きがありますが、これからは、「自由に生きられる人」というふうに、見方が変わってくるのではないでしょうか。

そうやって、発想を変えていくことです。テレビの情報に振り回されていては、どんどんと表情が険しくなってしまいます。

それでも一人はイヤだというなら、伴侶とか恋人とか友だちを探す努力が必要です。恋をするのは、いくつになってもときめくもので、健康にもプラスになります。オシャレをして外出するのもいいことです。老いらくの恋、私は大賛成です。

伴侶に先立たれたのなら、再婚を考えてもいいでしょう。

老夫婦が２人で慎ましやかに生きるには、そんなにお金がいるわけではありません。それに、離婚したり、死別したり、あるいはずっと独身だった人もいます。候補者はたくさんいます。若いときと違って、燃えるような恋愛とはいかないまでも、静かに、ときを共有できる人を探せればいいのです。実は、ハードルは、それほど高くない。でも、年だからとか、まわりの目が気になるとか、自分でブレーキをかけているだけです。

年を取るということ、そして一人になるということは、かけがえのない自由を手に入れたことです。大いに謳歌してください。

どうすれば、この不安から逃れられるのか

たとえば……

お金のことばかりが気になる

どう生きるかが問題です。お金に縛られて生きて、幸福といえるのでしょうか。本当に困ったら、社会の仕組みを利用する権利を誰もが持っています。

不安というのは、不安の種そのものよりも、必要以上に不安にとらわれてしまうことが危険なのです。実際、特に、お金は不安のもととしては、一番じゃないでしょうか。お金の不安にとらわれてしまって、幸せじゃなくなってしまう。

「いざというときのために」と、一生懸命貯金をしている人がいます。欲しい物も買わず、行きたいところへも行かず、老後のためのお金をせっせと貯めているわけです。だけど、そういう人は、「いざというとき」がきても、そのお金が使えなかったりします。なぜなら、次の「いざというとき」のことが不安になってしまうからです。

ちょっと考えればおかしいと思うじゃないですか。でも、不安に縛られていると、それがわからなくなってしまいます。

健康への不安も、お金への不安に似たところがあります。

健康が一番だからと、きちんきちんと健康診断をして、とにかく検査の数値に神経質になり、薬を飲んだり、食べたいものを我慢したり、雨の日も合羽《カッパ》を着てウォーキングをしたりしている人がいます。テレビで健康情報を仕入れて、納豆が体にいいと聞くと、すぐにスーパーへ行って、何パックも買ってきて、ご飯のおかずは納豆ばかり。私などは何が楽しいんだろうかと感じてしまいます。

お金も健康も「何のために大切か」です。

それらは自分の生きたいように生きるための手段としてあるわけです。お金のため

に生きているわけではないし、健康のために生きているわけでもありません。お金や健康を使って何かをする。お金や健康が大事なのは、それが、大事なことを成し遂げる手段になるからです。

そこをはき違えてしまうと、笑顔も出てきません。「お金がない」「貧乏が心配」「検査の数値が悪い」「ここが痛い、病気が怖い」……。そんなことで、一生が終わってしまってもいいのでしょうか。私は気の毒に思ってしまいます。

いまの社会、お金がなくたって生きていける

お金のことでいえば、たとえば「宵越《よいご》しの金は持たない」という生き方をしている人が、お金がなくなってしまったとします。しかし、人生はそれで終わるわけではありません。

日本に限らず、世界中の先進国には、生活保護という制度があります。これを使えば、高齢者なら何とかヤリクリできるくらいのお金が出て、しかも医療費はタダになります。私たちは、苦しい生活の中、税金を払っています。それこそ、「イザというとき」に、生活保護を受けたり、福祉のお世話になるための税金です。それを使うことは、何も悪いことではありません。

たくさんの税金が、無駄な軍備のためとか、必要のない道路、箱モノの建築に、どんどんと使われています。そんなことよりも、がんばって税金を納めてきた人にお返しをするほうが大切です。「納めた税金だから、返してもらって当たり前」と威張っていればいいのです。

お金がなくなれば、堂々と生活保護を申請するんだというくらいのつもりで、毎日を生きていればいいのではないでしょうか。

そう楽観的に考えはじめると、不思議なことに、「イザというときのために」と、お金を貯めていたときよりも、人間関係も広がり、楽しいことも増えてきて、人の役に立つこともできるようになり、人生が充実してきます。

そして、なによりも人とのかかわりを大事にする生き方をすることです。イザというときに、助けてもらえます。病気で寝込んでも、料理を作ってもってきてくれたり、看病してくれたり、買い物に行ってくれたり、人というのはありがたいものだということがしみじみとわかります。

将来が不安だからと、お金だけを貯めて人づきあいもせずにいると、お金目的の人だけが寄ってきたりします。そして、大事なお金をだまし取られたりします。

お金は貯めることよりも、上手に使うことを考え、何とかなると楽観的に構えて、毎日を楽しく過ごすことに意識を向けてください。

そうすると、知らず知らずのうちにいい笑顔が生まれてきます。

どうすれば、この不安から逃れられるのか

たとえば……

一生、結婚できないかもしれない

「3高」とか「3C」にこだわるから、チャンスを逃してしまう。「閃《ひらめ》き」や「弾み」で相手を決めてもいいのでは？

「なにがなんでも結婚したいというわけではありません。でも、できれば結婚したい。理想が高すぎるというわけではないのですが、結婚してもいいと思える適当な相手に出会えません。自分に大きな問題があるのかと考えてしまいます」

ある30代後半の女性からの相談です。

いわゆる世間一般的な結婚適齢期ということでいえば、ちょっとオーバーしています。だから、余計に焦りや不安が高まってくるのでしょう。

「どうして独身でいるのですか？」

25歳以上の独身女性にアンケートをとったところ、半数以上が、「結婚はしたいのだけれども、適当な相手がいない」という答えが返ってきたという調査があります。

私は、「適当な相手」という言葉にちょっと引っかかります。

結婚生活は試行錯誤。相手の条件に縛られるな

女性の未婚率上昇の原因を探る政府機関の調査研究の結果が参考になります。

以前は結婚相手の男性の条件として「3高」とよくいわれました。高身長、高収入、高学歴です。これだけでも大変なのに、最近は、3Cと呼ばれる「Comfortable（カンファタブル＝十分な給料）」「Communicative（コミュニケィティブ＝理解し合え

る)」「Cooperative（コーポラティブ＝家事に協力的)」に変わってきているそうです。

高身長や高学歴は外したからハードルは低くなったと、女性の側はいうのかもしれませんが、結婚前から、理解し合える関係、家事に協力的というのは、けっこう難しいことではないでしょうか。

こういう条件を結婚前につけてしまうから、相手が見つからないのではないでしょうか。結婚してから、2人で試行錯誤をしていくくらいの気持ちにならないと、相手はいつまでも見つかりません。高身長や高学歴は、結婚したからといって変えられるものではないけれども、理解とか家事の分担は、結婚してから考えても遅くはありません。


日本ではほとんどの場合、結婚すれば女性が主導権を握ります。まずは、結婚したいと思うなら、なるべくハードルを低くすることです。

男性も同じです。美人でやさしくて家庭的でといったことを望みがちですが、それをいっていると、いつまでも相手は見つかりません。


もうひとつ、出会いが少ないことです。

出会いがないと嘆いている人の多くは、出会いが空から降ってくるように思っているようです。待っているだけでは、なかなかいい出会いはありません。積極的に動くことです。「結婚したいんだ」と、あまりに露骨に発信するのは考えものですが、「いい出会いがあれば結婚したい」というスタンスをとり続けることです。そうすると、必ず、チャンスは巡ってきます。

出会いを増やすためにどうすればいいか

つけ加えると、男性でも女性でも、話しやすい雰囲気を作っておくことです。常に笑顔で愛想よく振る舞っていると、まわりが気にしてくれるようになります。恋心を抱いてくれる人もいれば、こんないい人なら友だちを紹介しようとか思ってくれる人も出てきます。そういう努力も忘れないようにしてください。

さらに、自分で考える適齢期を大きく外してしまった人。

私は「2回結婚論」を唱えています。

つまり、1回目は、若いときに、子どもを産んで育てるという社会的な意味をもった結婚です。子育てを終えたあと、もう一度パートナーと向き合い、一緒にお墓に入りたいとか、趣味が合うと思えない場合は、そうしたい相手が見つかれば、2回目の結婚をすればいいのです。もちろん、1回目の結婚相手と、40代50代になってから、2回目の違う関係性を作るという意味でも、2回目の結婚を意識するのはいいと思います。実際に2回結婚するかはともかくとして、大切なことは、夫婦は惰性ではなく、いつもいい緊張感を持って暮らすということです。

本来、結婚相手というものは、あらかじめ厳密な条件をつけて決めるものではありません。住宅を購入するときのように、場所がどうか、間取りがどうか、値段はどうかなどと細かな条件をつけて選ぶものではありません。

ときには閃きや弾みで決めてしまうものです。だからといって失敗するかといえば、そんなことはありません。あれこれ考えることが悪いとはいいませんが、条件に縛られてしまうと、相手選びは減点主義になって、なかなか決断ができなくなってしまいます。

どうすれば、この不安から逃れられるのか

たとえば……

非正規社員で未来が真っ暗

これからは正規社員も安泰ではありません。働き方、生き方の常識を疑って、自分なりに生き方を変えてみてはどうでしょうか？

これから、ますます非正規社員は増えてきます。だからといって、そんなことで不安になっていたら、生きていけなくなります。実際、大手企業の正規社員でも、いつ首を切られるかわからない時代です。

外資系の会社だと、業績が上がらないと、昼ごはんを食べに行って帰ってきたら、席がなくなっていたということもあるそうです。日本の企業も「アメリカに右にならえ」の傾向がありますから、そんな状況になっていく可能性は十分にあります。

これからは、どんどん産業ロボットやＡＩ（人工知能）が増えてきます。人間のやる仕事は減っていきます。企業としては、人間よりもロボットのほうが、コストがからず効率がいいとなれば、人間を切ってロボットを配置していくことになります。

非正規社員のみならず、誰もが未来が見えないのです。非正規で不安をもっている人のほうが、日ごろから対策を練っていれば、正規社員として胡坐《あぐら》をかいている人よりもマシかもしれません。正規社員は、突然、梯子を外されてしまったら、気持ちを切り換えて、新しい仕事を探そうとした際に、総合的に判断してかなりハードルが高いかもしれません。

「非正規社員だから未来が見えない」と必要以上に不安を抱くのは、やめましょう。

いまは、会社に依存しない生き方を実践して、成功している人がたくさんいます。そういう人の生き方を参考にするといいでしょう。

「会社勤めをしないと収入が得られない」という考え方は、別の項でも述べた心理的視野狭窄のひとつです。いくらでも稼ぐ方法はあります。価値観を変えて生きてみるのもいいでしょう。生活の仕方次第では、それほどたくさんの収入がなくても食べていけます。

会社を辞めて、田舎に引っ越して農業、林業、あるいは漁業をはじめたことで、笑顔で暮らせるようになったというような人も増えてきています。ライフスタイルを変えるには大変なこともあるでしょうが、そのまま非正規で不安を抱えているよりはいいかもしれません。

そういう人は、ネットで調べたり、実際に会いに行ってみたりして、自分も挑戦してみることで不安を解消していくという手もあります。

生活保護受給は当然の権利

また、非正規で働いていて、仕事をいっぱいしているのに収入が足りないということに不安をもっているなら、収入が生活保護に満たないようだったら、毎月満たない額が生活保護としてもらえるという制度もあります。それを利用するのもひとつです。生活保護となると、医療費もタダです。経済的にはとても助かるはずです。

生活保護受給に抵抗がある方も多いかと思いますが、別の項でも述べたように、これまで税金を払ってきた者の当然の権利です。受給することによって、不安が軽減されるなら、うまく活用していくことです。その間に収入を増やす方策を練り、それが実現したら、受給を止めればいいだけの話です。もっとも、不法な生活保護の受給者は絶対に許せませんが……。

今は、お金持ちが優遇される社会ですが、これから、非正規の人や失業者の不満が臨界点に達すれば、政治も変わらざるをえません。選挙はお金持ちも貧乏人も、同じ1票です。貧しい人を応援しようという政治家が当選し、制度も変わって、少しずつ世の中が変わっていくこともあるでしょう。あのアメリカの社会ですら、徐々にお金持ちから貧乏人に所得の再分配をしようという政治家が民主党の大統領候補の中で有力視されるくらいなのです。

自分の境遇を嘆き、ただ不安感を抱くだけでは物事は好転しません。転職はもちろんですが、少しでも社会を変えるような行動を起こしてみては、どうでしょうか。せめて選挙のときくらいは、もう少し自分のためになることを考えてもいいでしょう。

どうすれば、この不安から逃れられるのか

たとえば……

親の面倒をみることができるだろうか

まず「親の面倒をみるべき」という常識を疑う。介護のプロに任せるのは、親不孝どころか、親孝行です。

「いつかは親の面倒をみなければならない」

超高齢社会に突入して、誰もが直面する問題です。

この問題に関しても、これまでの常識を疑ってみたほうがいいでしょう。「子だから親の面倒をみなければいけない」というのは本当に正しいのでしょうか。

家族で面倒をみるとなると、要介護者ひとりに対して、家族が何人もかかわらなければなりません。仕事や育児を抱えながらでは、家族は疲れ切ってしまいます。介護する側も、される側も気まずい関係になってしまいます。それが限界に達すれば、介護殺人ということにもなりかねません。

しかし、専門の施設で介護することを考えてみます。設備が整い、マニュアルも確立した施設なら、かりに１００人の要介護者がいたとしても、介護者はその何分の一かで対応できます。

日本人の悪い癖ともいえるのですが、さまざまな分野にプロといわれる人がいるのに、その人たちに任せないという傾向があります。

たとえば、学校でイジメの問題が起こります。誰かが解決しなければなりません。先生が適任者という見方もあります。そうできればベストですが、基本的に学校の先生は勉強を教えるプロにすぎません。子どもたちのデリケートな心の問題がからむイジメの問題に関しては、ベストとはいえないことのほうが多いでしょう。

そうした現状があるにもかかわらず、多くの学校、教育委員会は、イジメ問題のプロの協力を仰ごうとはしません。その結果、取り返しのつかないことが起こったりするのです。

プロに任せることは「捨てること」ではない

学校内で傷害レベルの暴力があったりしたときには、対応のプロである警察が介入するしかありません。なのに、それがイジメという扱いになると、どういうわけかプロに解決を委ねません。

お腹《なか》が痛くて苦しんでいる人がいたら、救急車を呼んで病院へ連れて行きます。自分たちで何とかするんだと、市販の薬を飲ませたり、体をさすったりしていては、もっとひどくなって、手遅れになってしまうこともあります。アルコール依存や薬物依存を自分で治すというのは無理な話で、プロである専門の医療機関に任せるしかありません。

親の介護も、できることならプロに任せることです。

それは、決して、親を見捨てることではありません。大事な親ですから、自分が面倒をみたいという気持ちはわかります。しかし、プロでもない人がかかわると、結局は、介護する側もされる側も大きなストレスになってしまいます。共倒れです。介護によって、自分たちの心身の負担が増えれば、あれほど大切だった親を、いつしか恨むことにもなりかねません。それでは、何のための介護かわかりません。悲しい話です。

それよりも、割り切って、プロに任せてしまう。そして、１週間に１度くらいは会いに行ってゆっくりと話をする。そうすれば、親子の関係がギクシャクすることはありません。気持ち良く、顔を合わせることができます。笑顔で話をして、笑顔でバイバイといえるのです。

親の介護が不安なら、いまから、情報を集めておくことです。

「介護保険の仕組みはどうなっているのか」「どういう施設があるのか」「そこではどういうサービスが受けられるのか」「費用はいくらくらいかかるのか」……。そういったことをネットや資料で調べてみることです。実際に、見学に行くのもいいでしょう。

そして、できれば、あらかじめ、親とも話し合っておきます。親の面倒はみたいけれども、自分はプロじゃないからうまくできない。それがお互いの関係を悪くすることも考えられる。どうしたらいいか、一緒に考えてくれないかといった形で相談をもちかけておき、元気なうちにある程度の方向性を決めておくことです。

ほとんどの親は、自分の世話で子どもが苦労する姿を見ることを望みません。話しづらいことですが、それが賢明な方法です。

「親の面倒は子どもがみるべき」

この古い常識を忘れることです。プロの介護者ならではの立ち居振る舞いや気働きに、親御さんも驚き、喜んでくれるはずです。いつまでも笑顔を忘れずに、長生きするかもしれません。「親孝行をしてもらっている」と。

どうすれば、この不安から逃れられるのか

たとえば……

家系を考えると、病気が心配

「病気になったら、なったときに考える」くらいのふてぶてしさを！　そんな不安や心配こそが、免疫力を低下させます。

両親ともがんで亡くなっていたとします。「自分もがんになるに違いない」と不安を感じるのも仕方のないことです。母親が乳がんを患ったからと、遺伝子検査をして、乳がんや卵巣がんになる確率が高いということで、乳房を、予防の意味で切除したハリウッドスターもいました。

それも、ひとつの考え方だとは思います。しかし、私自身、そこまでする必要があるのだろうかと、どうしても感じてしまいます。

がんばかりではありません。高血圧、糖尿病、認知症……。親や祖父母が、そういう厄介な病気になっていれば、家系的に自分もなるのではないかと不安を抱くかもしれません。

しかし、よく考えてみましょう。統計的に見れば、日本人の2人に1人ががんになっています。そして、3人に1人ががんで亡くなります。これだけ多くの人ががんになるのです。

そもそも基本的には、がんは年齢を重ねることによって細胞が劣化して生じる病気です。長寿社会においては、誰もががんになる可能性があるのです。私が高齢者専門の総合病院に勤務していたときには、死後解剖の結果、85歳をすぎた方々では体中のどこにもがんのなかった人はほとんどいませんでした。家系であるとかないとか、あまり関係はないように感じられませんか。

日本の糖尿病の患者さんは、現在３００万人をはるかに超えています。予備軍といわれる人を合わせると２０００万人を超えるといわれています。高血圧の人は１０００万人以上。これも、家系の影響はゼロではないにしろ、それ以外の要因がかかわっているとしか思えない数字です。

将来、認知症になったらどうしようというのも不安でしょう。これも長寿社会の副産物であって、85歳を過ぎれば、およそ半分の人は多かれ少なかれ認知症の症状が生じます。

これだけ確率の高い現象に対して不安を感じていたら、誰でも毎日が憂鬱になってしまいます。ちょっと胃がもたれたら「胃がんじゃないだろうか」。せきが出たら「肺がんじゃないだろうか」。血便が出たら「大腸がんに違いない」。もの忘れをしたら「認知症がはじまった」……。そんなふうに考えていたら、笑顔で暮らすことなど不可能です。

紹介した数字からもわかるように、誰もがいつかは厄介な病気になります。これは、確実なことです。もちろん、日ごろから、食事に注意したり、健診を受けたり、サプリメントをとるのもいいでしょう。しかし、どんなことをしても、必ず、病を得て、亡くなっていく定めです。

そう開き直ってみてください。

「家系」を変えることができますか？

ほんの一部の病気を除いて、家系について不安がる必要などありません。不安がったところで、家系を変えることもできないのですから。

それよりも過度の不安や心配の弊害を考えるべきです。不安や心配は、人間の免疫力を下げるということが医学的に証明されています。「どうせ死ぬのだから、思いっきり楽しく生きよう」と思ったほうが、免疫力も高まって、元気でいられるのです。

もうひとつ、考えていただきたいのは、現在のところ、がんは非常に完治しづらい病気とされていますが、治療方法は急速に進化しています。きっと特効治療が見つかるはずだということを信じることです。

戦前は、結核が不治の病でした。しかし、抗生物質が発明されて、人類は結核の恐怖から解放されました。最近になって、やや復活の兆しを見せはじめていますが、かつてのように治療法がないという病気ではありません。

糖尿病にしても認知症にしても、これからは治療法も進化するでしょう。

ｉＰＳ細胞をはじめとした最先端治療の進化なども、さまざまな病気に対して治療革命を起こす可能性があります。

いかに家系の中にある病気に罹《かか》った人がいるからといって、いま罹ってもいない病気に不安を抱いていたら、精神衛生上いいわけがありません。

もちろん、そうならないための予防することは大切ですが、予防したから万全ということでもありません。「なったらなったときに考える」。それくらいのふてぶてしさが、現代社会を生き抜くには必要なのです。

「家系よりも自分の免疫力や医学の進歩を信じる」で、いいのです。

どうすれば、この不安から逃れられるのか

たとえば……

原発事故がまた起きたら……

「不安だ、不安だ」だけでは、何も解決しない。まず、客観的な情報を得て、「不安の元」を検証することからはじめましょう。

福島原発のような大事故がありながら、各地の原発が再稼働をする方向に動いています。不安になる人がたくさんいても仕方ありません。

不安や恐怖は、間違いなく心身に悪影響を与えます。

これは医学的にも検証されていることです。不安や恐怖を感じると、自律神経のうちの交感神経が優位になります。心臓がドキドキしたり、呼吸が浅く速くなったり、汗が出てきたりします。免疫細胞にも影響を与えます。がんや外から侵入した細菌、ウイルスをやっつけるリンパ球の活性が落ちるのです。つまりは免疫が低下するということです。もちろん、笑顔も出なくなります。

「原発を再稼働して、また大地震や津波がきて、事故が起こったらどうしよう」

そう考えると不安になって、胸がドキドキして眠れなくなる。そんな人もいるかもしれません。

私自身、現在の日本政府が主導する原発政策については、大きな疑問を感じています。とはいうものの、「原発事故が心配だ」「原発反対」と叫んだところで、原発がすぐになくなるわけではありません。

幸いなことにといっていいのかわかりませんが、現在のところ「地震が起きるかどうか」「津波が押し寄せてくるかどうか」「原発が事故を起こすかどうか」は誰もわかりません。

実際、福島では大事故が起こりましたが、震源に近くはるかに津波も高かった女川《おながわ》原発は問題がありませんでした。要するに、性能のいい原発であればあるほど津波や地震にももろかったということです。可能性を排除してはいけませんが、あるかどうかわからないことを心配して、心身を痛めつけてしまうというのは、どこか違っているように、私は思います。念のために断っておきますが、私は原発推進主義者を擁護しているのではありません。

放射能の人体への影響はどうなっているのか？

放射能が心配でたまらないという人もいます。

原発の周辺が高濃度の放射能に汚染されてしまったために、故郷を追われた人がたくさんおられるということに対しては、本当にお気の毒なことだと思っています。高いレベルの放射能で汚染されたところは、もちろん、とても危険で人が住むことはできません。しかし、低いレベルの放射能の人体への影響については、本当のところ、はっきりとはしていません。

わずかな放射能にも警戒する人がいます。私自身、そのことをとやかくいうつもりはありません。

一方で、あるデータがあります。

原子爆弾を落とされた広島市の女性が、政令指定都市の中で平均寿命がいちばん長い（男性は4位）ということをご存知でしょうか。また、自然放射能が全国平均の3倍もある鳥取県の三朝町《みささ》はがんの発症率が全国平均の半分とされています。一概に放射能が危険、怖いとは言い切れない部分もあるのです。

感情的になって、不安を膨らませるのではなくて、もっと客観的に見ていく姿勢も大切です。

私は、だから原発があってもいいといっているわけではありません。あくまでも、あまりにも不安を抱くことで、ひょっとしたら、放射能よりも大きなダメージを体に与えているのではないかということを危惧しているのです。

私たちは、本当に確率の低いことなのに、それに対して大きな不安を抱いてしまう傾向があります。

人によっては、飛行機に乗るときには、ひょっとしたら落ちるのではないかと不安をもちます。飛行機事故で死ぬ確率は、宝くじの一等賞に二度当たる確率と同じとされています。二度も一等賞が当たるなど誰も考えはしません。

戦争が起こるんじゃないかと、毎日が不安だという人もいます。世界情勢などを考えると、実際に戦争状態にある国は少なくありません。日本を含めた東アジアの情勢も微妙ではあります。現実には、戦後、他の国を植民地にした国はありません。しかし、単なる感情的な不安を抱いたところで、物事の解決を見ることはありません。

原発のこと、戦争のことにも関心をもつべきです。

もし、そうしたことの成行きに本当に不安を感じるのであれば、きちんとした情報を得て、検証しなければなりません。またどのくらいの確率で起こるかも考えないといけません。将来への対策はやはり確率の高いものから対処するのが賢明でしょう。ただ「不安だ、不安だ」は「不安のための不安」で終わってしまいます。自分の不安が的中したからといって「だから、いっただろう」ではあまりに無責任です。ある一定以上の確率で起こりそうな不幸については、不安の元を検証し、その不安を取り除く行動を自分なりにとらなければならないということです。

第4章

いつまでも引きずる後悔の念を断ち切りたい

いつまでも引きずる後悔の念を断ち切りたい

たとえば……

なぜ、あのとき話を聞いてあげなかったのか？

こぼしてしまった水のことをいつまでも悔やむのではなく、二度とこぼさないように細心の注意を払うこと。

すんでしまったことは、いくら悔やんでも取り返しがつきません。

たとえば、知り合いが自ら命を絶ってしまったようなとき、「あのときもっと親身になって話を聞いてあげれば」と自分を責めたりします。でも、話を聞いていれば解決したのかというと、これはわからないことです。

それに、何よりも、過去には戻れない。知り合いが亡くなったという事実は、どうあっても変えることができません。

私たちは、残念ながら、過去に起こったことをなかったことにはできません。そのことで、一生後悔をし続ける人もいるし、悲しみに暮れている人もたくさんいます。

そういう人たちにできることがあるとすれば、それは、過去の意味を変えることです。**辛い過去のために苦しむのではなく、その過去のおかげで、こんなにも自分が変われたと、プラスの要因にするしかありません。**

友だちが亡くなってしまったことは悲しいことです。しかし、それがきっかけで、まわりの人たちの話を真剣に聞けるようになり、辛い人に寄り添って生きられるようになって、たくさんの人に喜ばれているという人も少なくありません。あるいは、注意深く人を観察することで、思いつめているような人がいれば、その兆候をキャッチして、早まったことをしないように諭すこともできるでしょう。

友だちの死を防げなかったという事実は消せませんが、それがきっかけで、人の役に立てる自分になれたということによって、苦しみや悲しみばかりではなく、友だちへの感謝の気持ちが生まれてきます。

医者を辞めようと思った

私にも辛い経験があります。

内科から精神科に戻って間もないころ、私の担当する患者さんが病棟で首を吊って亡くなったのです。

あまりのショックに、精神科の医者を辞めようと思いました。さんざん悩んだ結果、私は同じ出来事を防ぐために、これまで以上に患者さんを観察し、話を聞き、細心の注意を払って接するようこころがけました。少しでも早まった行動の出そうな兆候があれば、あらゆる対応策を講じ、未然に防ぐ努力をしてきました。

そのおかげで、それ以来30年以上経ちますが、自殺で亡くなった患者さんは1人もいません。

全国には精神科医がおよそ1万2000人います。精神科にかかっている患者さんで自殺する方が、年に8000人いらっしゃいます。平均すると、1人の精神科医につき、3年に2人が自殺しているということになります。

私の場合、この30年間、1人の自殺者も出していません。
それは、駆け出しの精神科医のころ、私にとっては衝撃的であり、医者として耐えがたいほど辛い思いをしたからです。亡くなった患者さんは、二度と戻ってきませんが、私はいつも感謝の気持ちで、その患者さんを思い出しています。

「同じ間違いをしない」と細心の注意を払う

もし、どんな状況、どんな結果であれ、「あのとき、こうしていれば」と後悔の念が消えずに残っているなら、二度と同じことを繰り返さないということを肝に銘ずることです。たとえば、あなたが話を聞かなかったこと、あるいは何気なく発した言葉、とっさにとってしまった行動で、相手がひどく傷ついてしまっているなら、同じ間違いを絶対にしないことにいつまでも細心の注意を払うことです。

覆水は盆には戻りません。こぼれた水をいつまでも悔やむのではなく、二度とこぼさないために細心の注意を払う。それを学びとして、次に生かしていくことを考えてください。

時間が経過して、傷ついた相手が変わったあなたの姿を見たとき、その人の心が和らいでいくことでしょう。

いつまでも引きずる後悔の念を断ち切りたい

たとえば……

彼を怒らせてしまったのは、私のせい

自分を責めるのはほどほどに！　外に向かって動きだしましょう。視野の広がりは、あなたを変えてくれます。

小さなことでクヨクヨする人を観察していると、ほとんどの人が、必要以上に自分を責めています。たとえば、何かトラブルがあると、まわりから見れば、明らかに相手のほうにも落ち度があるのに、「もっと自分が気をつければ良かった」とか「直前に、電話を一本入れておけば良かった」などと、すべて自分の側ばかりを責めるのです。

結果、自分の殻を固く閉ざしてしまいます。まわりの人も、慰めようと思うのだけれども、どう声をかけていいかわかりません。

対応はきちんとやるにしても「ああ、ひどい目にあった」と切り換えることがどうしてもできません。

恋人同士のちょっとした行き違いにも、落ちこんでしまう女性がいます。

「今度の土曜日、旅行に行こうよ」

たとえば、そんな誘いを彼から受けたとします。けれども、その日は親しい女友だちとの予定が入っていました。それを告げると、彼はひどく気分を害しました。

大好きな彼の提案だったとしても、親友との約束を優先させたのは当然のことです。しかし、彼の機嫌を損ねてしまった。事情はともあれ、そのことに自分を責めてしまうタイプの人がいます。

自分に落ち度がなかったとしても、相手が気分を害してしまったことで、自分の対応を悔やんでしまうのです。そして、気持ちを切り換えられずに「悪いのは自分だ」

と思い込んでしまいます。

つねにそんな対応ぶりですから、周囲に対しても萎縮して、思い切った行動をとることができなくなります。いいたいこともいえずに、余計にまわりをイライラさせたりしてしまいます。どうしたらいいのでしょうか。

自責の念はほどほどに

感情というのは、普通、どんなに辛かったり、悔やまれることであっても、風化していきます。しかし、つねに自分の側に責めを負ってしまうタイプの人は、なかなかその感情を手放すことができません。そこから立ち直るのに、とても長い時間がかかります。時間が経過すれば、事実以上に過去の出来事を過大解釈してしまいます。

こういう人にとっての解決法は、とにかく外に向かって動くことです。自責の念との心のなかでの対話はほどほどにして、切り上げましょう。

動けば、いろいろなことが起こってきます。トラブルもあるかもしれません。でも、クヨクヨ考えて、内にこもっていては、いつまでも出口は見つかりません。

災難があってもいいから動いてみると決めてみましょう。いろいろなことに、積極的に挑戦してみることで、トンネルから出ることができます。積極的に動いて起こってくるのは、トラブルばかりではありません。いいことだって、同じくらい起こってくるものです。

たとえば、新しい出会いがあるかもしれません。自分を元気づけてくれる友だちが見つかるかもしれません。

自分がちぢこまってしまう恋愛よりも、もっと楽しいこともあるでしょう。仕事の場かもしれませんし、たとえば、ボランティア活動の場かもしれません。外に向けてエネルギーを発散していると、交友関係もどんどんと広がっていきます。

恋をしているときには、彼氏しか見えません。自分にとって最高の相手だと思ってしまいます。

交友関係が広がってきて、たくさんの男性と接するようになると、こういうタイプの人もいるんだという発見があります。それが、恋にまで発展するかどうかはともかく、人を見る目が広くなります。**視野が広がるということは、自分の考え方や言動にも変化をもたらします。**

彼のリクエストを断ったエピソードも、自責の念は影を潜め、「私は間違ってはいなかった」と修正できるかもしれません。そんな変化に、気分を害した彼もかえって好感を抱くようになることだってあり得ます。

いつまでもクヨクヨせずに、早く頭を切り換えましょう。

いつまでも引きずる後悔の念を断ち切りたい

たとえば……

あの会社を辞めなければよかった

辞めた理由を冷静に検証すること。ベストの環境は、この世にない。自分で作るもの。

「会社を辞めなければよかった」

そんな言葉をよく口にする知人がいます。

「辞めなければよかった」と後悔するのは、その後の展望に大きな計算違いがあったからでしょう。転職先の職場環境がさらに悪かったり、再就職がうまくいかなかったり、あるいは起業に失敗したり……。

リストラにあったわけではありません。自分自身の責任です。いくら後悔しても、前の会社へ戻ることはできません。さて、どうすればいいのでしょうか？

もし、転職したのだとすれば、一番よくないのは、何も考えずにまた辞めてしまうということです。別の会社へ行っても、同じようなことが起こってきます。客観的に考えて、雇用条件はさらに悪くなることが想定されます。

ここは謙虚になって、自分の能力が不足していたと反省しましょう。能力が足りなかった、成果をあげられなかったから、前の会社でも評価されなかったのではありませんか。

反省だけではいけません。今回の後悔を、能力や技術を高めるためのきっかけにするのです。自分の選択を悔やむこと、現在の状態への不満は封印しなければなりません。まず、誰もが認める成果をあげましょう。まわりに実力を認めさせれば、会社の居心地も快適になるはずです。

はじめからベストの環境など、この世にはありません。欲しければ、自分で作ればいいのです。

3年以上、能力をアップさせ続け、成果をあげ続けたにもかかわらず、会社が正当な評価を下さなかったと確信したならば、そのときは辞めるという選択もありでしょう。今度は能力の伴わない転職とは違います。職業人としての、あなたの商品価値は格段に上がっているのです。

最優先課題は自分の商品価値を高めること

うまくいかないのを、環境のせいにしていて、その選択を悔やんでいるばかりでは、何も解決しません。いかにすれば、自分の商品価値を高められるかを第一に考えなければなりません。それができないと、後悔ばかりが積み重なっていきます。笑顔からどんどんと遠ざかってしまいます。

また、会社に対して、「いい」「悪い」と決めつけないことです。別の項でも述べましたが、物事は、どんなことでも、「白か黒か」には分けられません。ほとんどがグレーだと思わなければなりません。

「折り合えるところは折り合おう」

そう考えるのが、認知的に成熟している人の態度です。どの会社へ行っても、自分の思った通りになるはずがありません。それを、「あれは許せない」とか「こんなのは自分の仕事ではない」と、突っぱねていると、どんどんと居場所がなくなってしまいます。結果、後悔の連続の人生を歩むことになります。

自分の実力を高めると同時に、どこの会社にもいいところもあれば悪いところもあるさ、と思える度量の広さを身につけることです。そうすれば、よほどひどいブラック企業でないかぎり、どこの会社へ行っても、後悔の念にさいなまれることはなくなるでしょう。

いつまでも引きずる後悔の念を断ち切りたい

たとえば……

この結婚は間違いだった

離婚は「悪」ではありません。でも、「あるべき結婚」という仮説を疑ってみると、別の選択肢が見つかるかもしれません。

「こんな人と一緒になるんじゃなかった」

そう思っている方は多いかもしれません。簡単にいってしまえば、心の底から間違ったと思える結婚なら、解消してしまえばいいのではないでしょうか。一度結婚したらずっと一緒にいなければならないというのは、大きな思い込みです。

日本でも3組の夫婦のうち1組は離婚しています。多くの夫婦が離婚を真剣に考え、実際に離婚をしているのです。結婚生活に大きな不満を感じながら、さまざまな理由で離婚を踏みとどまっている夫婦も多いでしょうから、結婚しても順風満帆な夫婦は本当に少ないことがわかります。

結婚間もない2人なら、「この結婚は失敗だった」と確信したら、さっさと離婚してしまったほうがいいかもしれません。離婚は「悪」ではありません。お互いに心の傷が浅いうちに別の生き方を選ぶべきでしょう。

しかし、10年、20年と結婚生活を送った夫婦となると、離婚はそう簡単なことではありません。関係が完全に冷めきっていたとしても「はい、離婚」というわけにはいきません。「生活を維持できるか」「子どもの教育はどうするか」といった問題をはじめ、それぞれにクリアしなければならない問題があります。

「顔を見るのもイヤ」という関係なら不可能ですが、ある程度の冷静なコミュニケーションが成立しているならば、穏便に離婚を実現する方法もあります。

たとえば、離婚の意志は固いが、子どもがいるからと躊躇しているなら、子どもが20歳になるまで待ってから離婚するという手もあります。

熟年離婚というのが一時大きく取り上げられたことがありますが、相変わらず、夫の定年退職を機に妻が離婚を言い出すというのも少なくないようです。

結婚して5年以内の離婚が多いというデータもあります。

結婚しても経済的に自立している女性は、男性に依存する必要はありません。間違った結婚だと確信すれば、即離婚ということになるのでしょう。

当然のことですが、女性の就労率が高いアメリカやイギリス、スウェーデンも離婚率がとても高いところを見ると、女性の経済的自立と離婚には相関関係があると考えられます。

一緒に暮らすことを総合的に考えて、自分にとってマイナスと判断したら、我慢する必要はありません。何も犯罪をおかそうというのではありません。お互いに納得できる夫婦生活を送ろうとがんばっても、それが実現できないことも十分にあり得ることです。ならば「離婚する手もある」と考えていいのではないでしょうか。

離婚という「出口」が見えることで、一緒に暮らすことのストレスが軽減することもあります。

実際、子どもが20歳になったら離婚しようと決めたけれども、それを決めた途端に相手に対する思いやりが芽生え、ストレスもなくなり、離婚話がどこかへ行ってしまったというケースもあります。そんな「出口」がわかっていれば、たとえ結果として離婚したとしても、罵りあうような「泥沼」やどう対処していいかわからなくなるような「迷路」に入らずにすみます。

常識や仮説の呪縛から自由になる

何度もいいますが、離婚は決して悪いことではありません。しかし、「この結婚は間違いだった」と後悔しつつも、わずかではあっても修復の可能性を探りたい気持ちがあるのなら、チャレンジしてみる方法があります。

別の項でも述べましたが、「かくあるべき思考」をいったん封印してみることです。「間違った結婚」という判断の基準になっているのが、あなた自身の「あるべき結婚」の姿です。その姿と照らし合わせて、現実の結婚生活がかけ離れていたために、すぐに「間違い」という判断を下しているのではないでしょうか。

つまり、「自分の仮説が現実と違っていた」ということです。そして、あなたは「自分の仮説は間違っていない。間違っているのは現実だ」とかたくなに考えているのではないでしょうか。

結婚は、それぞれの価値観、世界観がお互いにほどよくアレンジされていくことで、うまくいくものです。

「自分はこういう仮説を立てたけど、現実は少し違った。だから、自分の仮説を修正したほうがいいかもしれない」

こう考えてみると、いいアレンジができるのではないでしょうか。

極端なたとえでいえば、あなたが「夫は外で働くべき」「男子、厨房に入るべからず」と考えていたとしても、あなた自身、料理が好きでなければ、生活に支障をきたさない限りにおいて、夫が家事に専念してもいいわけです。常識や前提の呪縛から自由になると、事態を打開する方策が見つかるものです。

何度もいうように、離婚が悪ではありませんが、お互いが「かくあるべき思考」を捨てて、柔軟に考えてみるというのも、離婚を回避する方法として有効です。

いつまでも引きずる後悔の念を断ち切りたい

たとえば……

過去を明かせない、思い出したくない

「辛かった、苦しかった」かもしれない。重い過去を静かに受け入れるために知っておきたいことがある。

「過去は気にしないから」

そういわれて、これまでの男性経験を話したら、それから彼の態度が変わってしまった。そんな話があります。

そもそも、本当に過去を気にしない人なら、「過去を気にしない」とわざわざいわないものです。この女性は、そのあたりの心理を読めなかったのでしょう。

けれども、女性に過去を明かされて、ガラリと態度が変わるような心の狭い男性なら、結婚しても幸せにはなれないでしょうから、それはそれでよかったと思います。

とはいえ、いわれるままに自分の過去をオープンにする必要があるのかどうか、そのあたりはいささか疑問ではあります。

その一方で、かたくなに過去を明かさない人もいます。そして、どうやらその過去をいつまでも悔やみ続けているようなのです。

明かせない過去ですから、いまでも明かすことは、悔やむ思い、また苦しいとか辛いという感情を伴うものなのでしょう。

誰かに話したところで、事実が変わるわけではありません。墓場までもっていくとよくいいますが、それでもいいのではないかと思います。

実際、重い過去を思い出したり、打ち明けたりするのは、本人の精神面への影響を考えると、リスクを伴います。

重度のトラウマを克服する治療の際に、過去の辛かったことを思い出させるという方法があります。ある時期、主流になっていた治療法です。ところが、この治療を受けた人のほうが、症状が改善するどころか、むしろ悪化することが多いということもわかってきました。実際、通院がやめられない人、自殺する人、あるいは離婚する人も多い傾向にあるという報告もあります。

過去のことを鮮明に蘇らすことは、重度のトラウマを抱えた患者にとって、メンタルヘルス上、かなりの危険を伴うことなのです。

もし、あなたが誰かに重い過去を明かし、そのことによって強い後悔の念から解放されたいと願うなら、聞き手を選ぶべきでしょう。ただ親しいからといって、恋人や結婚相手を選ぶのではなく、専門のカウンセラーのもとを訪ねたほうがいいでしょう。

当事者にとっては非常に難しいことではありますが、大切なのは、まずは「過去を悔やむ気持ちを強く持たなくてもいいのだ」と自分に言い聞かせることです。

「辛い、思い出したくもない過去」ばかりの人生なんてない

非行少年やアルコール依存症、薬物依存症の人たちの更生法として使われている心

理療法に内観法と呼ばれる治療法があります。

たとえば、幼少期からの蓄積してきた親への強い恨みが、性格を歪めて、非行や過度の飲酒、麻薬に走らせることがよくあります。

「親から愛されずに、自分の過去は最悪だった」と、彼らは思い込んでいます。しかし、治療を進めていくプロセスにおいて、心に変化が見えてきます。

静かな部屋の中に座って母親（あるいはそれに代わる人）に対して自分が、

①世話になったこと
②して返したこと
③迷惑をかけたこと

の観点から思い出していくのです。

すると、次第に「抱っこされたこと」「お風呂へ入れてもらったこと」「遊園地へ連れて行ってもらったこと」「ご飯を作ってもらったこと」「制服を買ってもらったこと」などが蘇ってきます。自分は、叩かれたり、暴言を吐かれたりといったひどいこともされたけれども、心地よかった思い出もたくさんあることに気づきます。逆に、それに対して何もお返しをしていなかったこと、自分がどんなにひどいことをしてきたかも思い出されます。

治療のプロセスにおいて、最悪と決めつけていた自分の過去が、「捨てたものじゃない」という気持ちに変化してくるのです。悪いエピソードばかりにフォーカスしていたので、自分は恵まれてなかったと思い込んでいたのです。しかし、内観法を実行することによって、過去への視点に変化が生じはじめます。フォーカスする範囲は広がり、過去に対するポジティブな視線を持つことができるようになるのです。

その結果、非行少年の心が安定したり、人を思いやる気持ちが生じてきて、更生への強い意志が芽生えたり、依存症を克服しようという姿勢が生まれたりするのです。表情にもはっきりとした変化が生まれます。つねに他者を受け付けない険しい表情、あるいは無表情が影を潜め、しばしば笑顔を見せたりしはじめるのです。

後悔ばかり、思い出したくもない過去ばかりの人生などありません。過去を幅広い眼、ニュートラルな視線で見つめなおすことができれば、新たな発見があるはずです。「辛かった」「苦しかった」ばかりではありません。「楽しかった」「うれしかった」「心地よかった」という過去も、蘇ってくるはずです。

「悪いばかりの過去ではなかった」と気づけば、後悔の念も和らぎ、辛かった過去のエピソードも静かに受け入れられるのではないでしょうか。

第5章

心に溜まるこの不満をどう解消したらいいのか

心に溜まるこの不満をどう解消したらいいのか

たとえば……

なぜ自分だけ、出世が遅いんだ

自問してください。「能力が欠けているのでは?」「『的外れ』な働き方をしていないか?」「本当に役に立っているか?」

私は年功序列制度を悪い制度だとは思いません。しかし、アメリカナイズされつつある日本社会では、この制度が崩壊しつつありま す。ですから、こんな不満を口にする人が増えてきています。

「なぜ、私だけ、昇進が遅いのか」

３つの理由が考えられます。

まずは、はっきりといいますが、その人の能力の欠如です。当たり前のことですが、**能力がなければ昇進は無理な話です。**

「そんなことない。自分には能力がある」と反論する人もいるかもしれません。しかし、能力といっても、いろいろな能力があります。何かが足りないから、昇進できないのです。上司と正常なコミュニケーションが成り立っているなら、単刀直入に自分は何が足りなくて昇進できないのかを尋ねてみればいいでしょう。

そのうえで、上司の助言を受け入れ、自分に欠けている能力を高めることに専念すべきでしょう。

２つ目の理由は上司の資質の問題です。

上司が部下に対してフェアに接し、その能力を判断する目を持っているかという問題です。「この人間は、会社の利益に寄与する働き方をしているか」という視点から、昇進させるかどうかを判断できる上司ならいいのですが、かならずしもそういう上司

ばかりではないのが世の常です。

自己アピールができていますか

「あいつはつきあいがいいから」「ゴルフ仲間だから」「役員のコネだから」「自分には従順だから」など、会社の利益への貢献度とは関係のない、いわば情実で部下を値踏みするような上司だと、なかなか昇進はむずかしいかもしれません。

ソクラテスの「悪法も法なり」ではありませんが、もし、その会社を辞めるつもりがないなら、まずはその上司の判断に従うしかないでしょう。

しかし、あなたがきちんと成果をあげていれば、必ずそれを評価してくれる人がいるはずです。そういう人に相談したり、できれば、その人の下で働けるように、アピールしてみることも大切です。

いま、多くの会社では、部署異動について、社員の希望を募る制度が広がりつつあります。そうした制度を積極的に利用してみるべきでしょう。

会社、組織で働き、正当な評価を得るためには、さまざまな形での自己アピール能力が欠かせません。いかに仕事の能力を持っていたとしても、その能力を社内にプレゼンテーションすることができなければ、誰も正当な評価をしてくれないということ

です。それもまた、組織の一員としての能力のひとつと心得ましょう。

それを怠って、ただ昇進が遅いと不満を溜めこんでいれば、ただの不満分子の烙印を押されかねません。

会社が本当に求めていること

昇進が遅れる3つ目の理由は、あなた自身の「的外れ」な考え方です。

昇進のためのもっとも重要なポイントに気づいていないということです。

たとえば、自分は毎日残業をやっている。仕事の成果も出している。でも出世できない。そんな不満を口にする人がいます。

がんばるのはいいことです。でも、がんばりそのものには何の価値もありません。残酷ないい方ですが、利益最優先である会社は、がんばれるかどうかは関係なくて、利益をあげてくれる社員をいちばん評価するのです。

たとえば残業。社員の残業にはコストがかかります。コストは会社がもっとも嫌う要素です。それでも「費用対効果」という観点から、残業代というコストを差し引いてもなお莫大な利益をもたらしてくれる社員なら、会社は高い評価を下すでしょう。

しかし、「空がんばり」は会社にとって、文字通り「百害あって一利なし」です。その上、あまり残業が多いと会社がブラック企業の烙印を押されかねないのです。

もちろん、会社のタイプは千差万別。成果よりも人柄、能力よりもお世辞、突出よりも横並びという会社があるかもしれません。

要は、会社の評価基準を知り、それに適う働き方をすればいいのです。「的外れ」ながんばりは単なるひとりよがりとしか思われません。会社、組織というものはそういうものだと割り切ってしまうことです。

「会社対社員」の本質を知っておく

ある大手広告代理店などは、どこから見ても能力があるようには思えない人でも、トントン拍子に出世することがあります。その理由はじつにシンプルです。その人の親が経営する会社が巨額の広告費を払っているからです。あるいは、ある社員が大手企業の宣伝担当役員の御曹司だったりすれば、同様に出世します。有名人の子ども、政治家の子どもなどもそうです。彼らは社員でいることだけで仕事はすんでいるともいえます。ほかの社員にとってはアンフェアなことに思えるかもしれません。しかし、会社はそれでいいのです。

もちろん、そうした縁故採用で入った社員が、一様に無能であるとはかぎりません。

しかし、考えようによっては、いわば「人質」のようなものですから、さまざまな理由で利用価値がなくなれば、あっさりと閑職に追いやられることもあるでしょう。

話がちょっと脇道にそれてしまいました。

結局、自分がしていることと相手が求めていることの間にミスマッチがあれば、どんなにがんばっても高い評価は得られません。これは、会社対社員の関係ばかりか、あらゆる人間関係においてもいえることではないでしょうか。

大学入試を勝ち抜くための近道もそうです。自分の志望する学校がどんな傾向の試験問題を出すかを研究して試験に臨む人と、時間をかけてただ受験参考書をはじめから終わりまで愚直にやる人とを比べれば、前者のほうが合格する確率は高いでしょう。

出世したければ、出世するためのテクニックがあるのです。何だか味気ないように思う人も多いかもしれませんが、そのことを肝に銘じておくことです。

心に溜まるこの不満をどう解消したらいいのか

たとえば……

出会いがない、異性から好かれない

出会いはいつも突然です。知らず知らずのうちに異性に対してバリアを張っていませんか？　いつも笑顔をまとってみてください。

「異性にモテない」という悩みを、男女を問わず、けっこうたくさんの人が抱えています。実際、さまざまな調査で若い世代の人たちで「つきあっている異性なし」と答える人の比率が増えています。

モテない原因で一番多いのは何だと思いますか？　容姿が良くないこと？　性格が暗い？　そうではありません。

異性と出会うきっかけが絶対的に少ないのです。きっかけを進んで作ろうとしないという傾向もあるかもしれません。私にいわせれば、「もったいない」です。

女性の例で考えてみます。

職場が女性ばかり。あるいは、独身の男性がいない。仕事も忙しくて、終わったら真っ直ぐに家へ帰る。休みの日は、疲れてしまって、ゴロゴロしている。

そんな生活環境では、モテる、モテない、好かれる、好かれない以前の問題です。どんな美人であっても、無人島で暮らしていたら、モテようがないのです。

たとえば、女子大に通っているときは、まったく男っ気がなかったのに、就職したらモテモテになってしまうという人もいます。とにかく、男性と出会える場には、積極的に出掛けなくてはなりません。

出会いというのは、どこであるかわかりません。

職場に独身男性がいなくても、取引のある会社にはたくさんの独身男件がいるかもしれません。打ち合わせで会社に訪ねてきた人に気に入られることだってあるのです。あるいは、上司が、「この子はとてもいい子だから」と、知り合いの独身男性を紹介してくれるかもしれません。会社に出入りしている生命保険のおばちゃんが、仲をとりもってくれるかもしれません。

そのためには、常日頃から、自分を磨いておく必要があります。いつ人に見られるかもしれないという意識が大切です。外見はもちろん、話し方、物腰、表情、あるいは相手の興味を惹く雑学、知識、教養を身につけておくことです。

「下心」は健全な証拠です

相手に好感を与える表情の決め手は笑顔です。

笑顔のすてきな女性には、多くの男性が好感を抱きます。話をしたくなります。出会いの第一歩です。まず、「笑顔は出会いの必需品」と心得ておくことです。

とにかく、出会いのチャンスを逃してしまう女性には笑顔が不足しています。笑顔のない女性に対して、初対面の男性はバリアを感じてしまいます。笑顔のない顔は「誘っても怒るんじゃないか」と男性に思わせてしまいます。

職場では、なるべく愛想よくすることです。

「今日、食事でもどう？」

たとえば、そう誘われたら、まず笑顔です。ニコッとして、「いいですね。うれしいわ」と素直なリアクション。何か予定があったとしても、「また、今度誘ってくださいね」とまたまた笑顔。男性がバリアを感じてしまうのは、女性の警戒心溢れた表情です。イエスかノーか、返事がどうであれ、女性の笑顔はバリアを取り除く必需品です。

もちろん、男性としても誘う以上は「下心」があるのは当然です。女性の側がそれに応じるかどうかは、その人次第ですが、あなたにも立派な「下心」があるなら、決して男性の「下心」を警戒するような素振りを見せてはいけません。健全な男女なら「下心」は当たり前のことなのですから。逆にあなたという存在が、男性の「下心」を刺激しないとしたら、そちらのほうがかえって問題です。

何度かの食事の後、もしホテルに誘われたとしても、「そういう対象ではない」「ちょっと早すぎる」「気分が乗らない」など、さまざまな理由で応じられないならば、ちゃんと断ればいいのです。ただし、そのときも笑顔を忘れずに、です。

含みを持たせずに素直に断れば、相手の好感が増すかもしれません。「あの子は、きちんとしている」という評判になればしめたものです。男性は、そういう女性に興味をもち、魅力を感じて、近づいてくるはずです。

「常在戦場」に学びましょう

とにかく、笑顔は出会いの際の、「WELCOME」「SEE YOU AGAIN」、のサインなのです。いつも笑顔で、出会いを求めていれば、チャンスがきっと生まれます。唐突ですが、「常在戦場」という言葉があります。戦国ドラマなどで登場する武将がよく口にする言葉です。武士はいつでも戦えるように準備をしておかなければならないということです。

出会いのチャンスも同様です。いつも笑顔をまとっていたいものです。
笑顔は出会いを成功させるための最強の武器です。

心に溜まるこの不満をどう解消したらいいのか

たとえば……

気に入らないなら、いってくれればいいのに……

「相手の不満がわからない」という不満は、相手が自分と同じと考えているからです。それは幻想です。

「何を考えているか、わからなかった。いってくれればいいのに……」

日本には「以心伝心」という言葉があるように、自分の思いは言葉にしなくとも、親しい人間には伝わるという思い込みがあります。何かの拍子に湧きあがってきた感情も、すぐに外には出さずに、抑えることが美徳とされる傾向があります。

そんな日本人も、スポーツのシーンではかなり感情表現がストレートになってきました。思い浮かべてみてください。人の目も憚《はばか》らず感情を爆発させるシーン。たとえば、リオデジャネイロオリンピック。日本中が興奮状態にあったことを記憶しておられる方もいることでしょう。また、オリンピック以上の興奮をもたらすスポーツ大会としてはサッカーのワールドカップがなんといっても一番ではないでしょうか。

そこでは、人間が持っているすべての感情がむき出しにされる瞬間を見ることができます。もちろん見ている側も競技者以上に興奮し、ときには、自国のチームに不利な判定を下した審判を試合後に待ち伏せして、抗議、極端な場合は、暴力をふるったりする人もいます。

共有できない感情がたくさんある

しかし、興味のない人にとっては彼らの感情を理解することはできません。

知人から聞いた熱狂的な阪神ファンの話を紹介しましょう。

その奥さんの話では、阪神ファンである夫はまわりの状況も考えず、寝食を忘れてといっていいほど応援に余念がありません。ナイター中継がはじまると、ビール片手に一喜一憂し、何を食べているのかもわからないありさまだそうです。

プロ野球がオフのときはともかく、プロ野球が始動すると、子どもの教育のことや地域との付き合いのことなど、奥さんにとっては、夕食時にしか話せないこともあるのに、話しかけても、上の空。奥さんは、オープン戦がはじまる春先は憂鬱な日々のスタートだといいます。

ファンであるチームを応援することは、それ自体、悪いことではありません。勝っても負けても何かに夢中になることは仕事のストレス発散になります。しかし、まわりを巻き込んで、その感情を共有させようというのは問題です。

「オレが応援しているのだから、一緒に応援しろ」

「野球中継の面白さを教えてやる」

これが、夫の言い分。感情共有の押し売りです。それを黙って夫の言葉を聞いている妻ですが、口にはしないものの、不満を抱いていないわけではありません。

「阪神と家族と、どっちが大事なの？」

「チャンネル権を独占して、平気なの？」

双方の思いは、それぞれ不満を抱えたまま、すれ違い状態です。

喜びは多くの人と分かちあえば倍増し、悲しみは半減するといわれますが、それは同じ気持ちを共有するもの同士であることが大前提です。

人と人との付き合いは、いかに親子兄弟の肉親であろうが、夫婦であろうが、それぞれ違う人格の持ち主であることをまず理解しなければなりません。

「あなたと私は違う人間。それは当たり前」

円満で、おたがいにカンファタブル（心地よい）な関係を結ぶには、この考え方が大前提になるのです。相互理解とは「相違理解」が基本です。

人はそれぞれ違うということをしっかりと理解できれば、他者に自分の気持ちを押し付けようとする言動もなくなってきます。

寅さんの名ゼリフに学ぶ

熱烈阪神ファン家族は、どうなったのでしょうか。家族のことを顧みない夫への不満は臨界点に達し、奥さんは子どもを連れて、実家に帰ってしまったそうです。

「そこまで思いつめていたのなら、いってくれたらいいのに。彼女はあまり感情を表に表さないからわからない……」

夫はそんな思いを口にしたそうですが、感情表現にも人それぞれに個性があります。

「気持ちを伝えてくれたらいいのに……」

これは言葉で不満の感情を表現できる人の理屈です。不満はあっても、この奥さんのように言葉では表さない人もいるのです。

野球中継観戦に熱狂するご主人に対し、奥さんは無言でいることで、「異議あり」の感情を表していたのです。

たしかに、私たちの日常生活には、夢中になれることがそんなに多く転がっているわけではありません。そんな日常のなかで野球観戦に没頭できることは幸せなことだといえます。しかし、そんな自分を微笑ましく見ているのか、あるいは冷ややかに眺めているのか。それがわかる程度の節度ある熱狂にとどめておくべきだったのです（節度があったら熱狂とはいえないかもしれませんが）。

「俺とお前は別の人間だぞ、早え話が俺がイモ食えばテメエの尻からプッと屁が出るか？」

これは映画「男はつらいよ」の寅さんの名ゼリフ。

一緒に暮らしていれば、親しい間柄なら、似たような感性をもっていて、理解できるものだと考えるのは間違いです。幻想にすぎません。感情の質、その表現のしかたも人それぞれだということです。

心に溜まるこの不満をどう解消したらいいのか

たとえば……

自分の実力はこんなものじゃない！

高下駄を履いたり、梯子に上っている自分に気づいていますか？　それに気づくと心に余裕が生まれてきます。

ゴルフやテニスの試合を見ていると、自分のミスに腹を立てクラブやラケットを叩きつけている選手がいます。気持ちはわかりますが、見ていてあまり気持ちのいいものではありませんね。

テレビなどで気楽に観戦していてもそう感じますが、実際に自分がプレイしている相手や同伴競技者にそんな態度をされたら、一日中不愉快な気分で過ごさなければなりません。もっともプロの選手なら、平常心をなくした相手を見て「しめしめ」と思うだけかもしれませんが……。

ゴルフであれ、テニスであれ、プロ競技で優勝を競っているときに50センチのミスパット、あるいはイージーなスマッシュがネットにかかることは致命傷を意味します。プロ選手のように自分の実力をよく理解しているからこそ、イージーなミスをする自分に腹が立つ。この感情はよくわかります。

実力がないのに自分を過大評価している人たちが厄介なのです。

「またスライスだ！」

ティーグラウンドにドライバーを叩きつけて怒る人。よく目にします。だいたいある程度のキャリアといくらか腕に覚えのある人たちにこの傾向があるようです。

何に対して腹を立てて、それほどまでに感情を露わにするのでしょうか？

「俺の普段の実力なら、こんなボールは出ない」

「こんなイージーミスをほかのメンバーに見られるのは恥ずかしい」

こんな不満と怒りなのです。でも実際には、まわりの人はそんな風には思っていないものなのです。

「なんだ、いうほどの腕じゃないじゃない」

かりにまわりの人がそう思ったとしても、自分の実力を実際以上に吹聴してしまったことが原因かもしれません。

「理想の自分」と「現実の自分」は別物

こういう人はビジネスの世界でも、多く見られるタイプでもあります。しばしば「自分が担当しているプロジェクトがうまくいかないわけがない」とか「うまくいかないのは先方の担当が無能だからだ」とか「時代が自分の感覚についてこられない」とか、都合のいい理由をつけて自分の責任を認めようとはしません。これほどまでに言い訳に頭を使うなら、もっと仕事のことに使えばいいと思うのですが……。

こういうタイプの人たちに感情を露わにして応じるのは疲れるだけです。

昔流行《はや》った歌の歌詞ではないですが、右から左へ受け流しましょう。

じつは私たち精神科医の世界でも、うつ病を誘発する一因として、「自分の実力以上の理想の姿」と「現実の姿」とのギャップを埋められない心理状態が挙げられています。

このギャップに悩んでいるうちに、うつ状態に陥ってしまうことが指摘されています。

自分自身を冷静に見つめ、ギャップの存在を認め、そしてそれを受け入れることは、誰にとってもそう簡単なことではありません。

それを第三者から単刀直入に指摘されたらショックを受けることでしょう。突然、梯子を外された気分になるでしょう。

辛いことではありますが、一度その指摘を受け入れてみましょう。いままで無理に自分に履かせていた高下駄、危なっかしい姿勢で立っていた梯子の階段と比べて、ずいぶんとリラックスしている自分に気づくはずです。等身大の自分の実力を知り、その実力にふさわしい履物、立ち位置を受け入れてみましょう。慣れてくるとじつにカンファタブル（心地よい）なはずです。

ゴルフのプレイ中調子が悪くなると喋らなくなる知人が、別の知人からそのことをはっきりと指摘されました。彼本人はまったく意識していなかったそうです。指摘されてはじめて気がついたということでした。指摘された知人は、素直に自分の性癖を改めました。

その後、彼は調子が悪くなると逆に明るく振舞うようになりました。3パットして優勝を逃したときも、「あー、やっちゃったー」と笑っていたということです。

以前の彼ならクラブを叩きつけたいシーンでも、逆に笑い飛ばすことができるようになり、ゴルフの誘いが増えたと喜んでいました。

「金はかかるけど、仕事にもいい影響が出てきたよ」

仕事であれ、遊びであれ、等身大の自分の実力を受け入れてしまえば、うまくいかなかったときでも、不満や怒りの感情は湧いてはきません。そういう心理状態を保てれば、スキルアップもスムーズにいくはずです。

文庫化に寄せて

本書に最後までお付き合いいただき、ありがとうございました。

いろいろなシチュエーションでの感情のコントロールのコツを、私のこれまでの精神科医としての体験、人生体験から書かせていただいたのですが、もちろん、自分とは関係のないページも多かったかもしれません。また「これは現実に無理だ」とか、同意しかねるという話もあったかもしれません。

ただ、感情コントロールの本でもあるので、それで腹を立てていただきたくないのです。

これは、本書の最後の項目といっていいかもしれませんが、本書に限らず、生き方や仕事術、心の持ちようのような本の読者の方に、ぜひ申し上げたいのは、全部が自分に当てはまるとか、全部が役に立つ本など存在しないということです。

それで腹を立てるのでなく、「一つでも二つでも役立つなら儲けもの」と思ってほしいのです。そこで少しでも自己改造できれば、文庫になって安くなったこともあり、十分もとが取れるはずです。

本というのは、使えるところだけもらうという発想で読んでいれば「損した」と思うことはまずありません。それで腹が立つことが減り、少しでも自分の足しになるのなら、メンタルヘルスのためにも自分の将来にも素晴らしいことではないでしょうか？

もちろん、批判を考えることは、前頭葉の老化予防にも役立ちますし、本書に書いたように感情をそのままぶつけるより、それを知的なものに変えていくということですから、素晴らしい感情のコントロールだと思います。ただ、残念ながら、自分の得にはつながりません。

精神医学の最近のカウンセリング技法として、目先のことにとらわれている人に、結果や目的に目を向けさせるということがあります。

顔が赤いのに悩んで人前に出られない人に、「では、なぜ顔が赤いとまずいのですか？」と問います。

すると「人に嫌われるから」と答えます。

「ということは、あなたは人に好かれたいのですね」と目的を自覚させます。

「顔が赤いままでは好かれません」と反論します。

「私は長年精神科医をやっているので、顔が赤いのに好かれている人は何人か知っていますが、それ以上に顔が赤くないのに嫌われている人はたくさん知っています。私はやぶ医者なので、あなたの顔が赤いのは直せませんが、あなたが人に好かれるにはどうすればいいかを考えることはできます」といいます。

目的がかなえばすべてよし、結果がよければすべてよしということです。

学歴のことも書きましたが、学歴は幸せになるための手段であって、目的ではありません。得られなかったら、学歴がないまま幸せになるにはどうすればいいかを考えればいいのです。得られた人であっても、それを使ってどう幸せや成功につなげていくかを考えないと無用の長物になってしまいます。

本書であげた例は、今のことにこだわらず、もっと先のことを考えるための例と思っています。

そういう発想で生きていれば、多少、笑顔になれるのではないでしょうか？

末筆になりますが、本書が価格も手ごろで、持ち運びやすくなる文庫化の労をとってくださった文芸社の佐々木春樹さんと石井康夫さんにこの場を借りて深謝いたします。

２０１９年10月

和田秀樹

本書は、二〇一六年十二月、文芸社から発売された単行本
『いつも笑顔でいられる 楽々、感情コントロール』を改題
し、加筆・修正し、文庫化したものです。

文芸社文庫

笑顔で感情コントロール

二〇一九年十月十五日　初版第一刷発行

著　者　和田秀樹
発行者　瓜谷綱延
発行所　株式会社　文芸社
〒一六〇-〇〇二二
東京都新宿区新宿一-一〇-一
電話　〇三-五三六九-三〇六〇（代表）
〇三-五三六九-二二九九（販売）

印刷所　図書印刷株式会社
装幀者　三村淳

ISBN978-4-286-21346-0